Par-delà
l'excellence

Du même auteur :

Divorce noir pour mariage en blanc

Question d'analyse

Bonjour Docteur

Un enfant nommé Désir

L'enfant Lou

Miroir de Femme,

Vos gueules les psy

Du berceau à la névrose

Le Secret du surdoué

RAYMONDE HAZAN

Par-delà l'excellence

HR

Crédits couverture :
Tableau © Benjamin Issner -
Photographie © Anne Sargeant

ISBN : 978-2-9520248-4-6

J'ai probablement été le rond-point de ce carrefour
qui a contribué à ce cheminement de recherche
et de quête de légitimité... Et pourtant...
Un jour, moi aussi j'ai pensé que j'étais folle...

À Stephanie Del, Simon Fédida
À mes enfants,

Préface

Qui est Raymonde Hazan ?

De mère libanaise et de père égyptien, elle vivra ce mélange comme une grande richesse identitaire.

Très jeune, soutenue par son père, elle entre à L'Académie Charpentier où elle prépare le concours des Arts décoratifs, réussit le concours des Arts Décoratifs qu'elle abandonne à la naissance de son 1er enfant. Puis comme elle se plaît à le dire, elle fera tous les métiers qui la passionnent :

Décoratrice, créatrice de meubles en rotin, elle ouvre trois magasins où elle distribue les créations de sa fabrication.

Mais elle sombre dans l'agoraphobie et se dirige vers le monde de la psychanalyse, des psychanalystes et des psychiatres.

Elle dira :

« Mon père, HPI (Haut Potentiel Intellectuel), m'a protégée comme un aigle des vautours... »

De son parcours analytique elle écrira :

« Vos gueules les psy », qui lui fait ouvrir sa propre maison d'édition en 2003 après avoir édité 5 livres chez Challenges/Hatier.

Mais Raymonde Hazan ne lâche pas ce qui va devenir un combat personnel dans une seule interrogation qui ne trouvera pas de réponse :

« C'est quoi ma maladie ? »

En 1994, elle dépose :

« Les Grands Schémas de la psychanalyse »

Elle installe sa première consultation.

En 1995, elle met en place et crée : « L'analyse intensive »

Mais elle dit :

« Je reçois très peu de patients parce que je m'investis dans ce qui est mon combat, ma recherche, et mon obsession tout en continuant mes passions. »

Le magazine Psychologie dira, en parlant de Raymonde Hazan :

« Vous avez mis une ligne directe 24 heures sur 24, n'est-ce pas là un sacerdoce pour votre vie ? »

Mais Raymonde Hazan continue ses recherches...

En 2000, elle commence à former des psychanalystes sur sa méthode.

En 2012, elle comprend que tous ses travaux de recherche se rattachent à une seule problématique :

« Le surdoué, le HP, le haut potentiel, le zèbre... » accompagnée de son élève Simon Fedida et de son acolyte Stéphanie Del.

Elle s'impose, émissions de télévision, radio, magazines et devient la psy des stars.

En 2017, elle ouvre l'académie RH, école de psychanalyse où elle a créé un courant de pensée et a modifié la base de la psychanalyse pour l'adapter aux surdoués puis, elle met en place :

« Les grands schémas de la psychanalyse adaptés aux Surdoués »

Aujourd'hui Raymonde Hazan nous confie tous ces travaux de recherche sur le fonctionnement, le mécanisme et le cheminement incontournable des HP (Haut Potentiel), des surdoués, des zèbres, des hauts potentiels.

Un livre attendu par les HP qui se posent encore la question :

« Sommes-nous intégrables dans un système social qui ne nous légitime pas ? »

Trouverez-vous la réponse durant ce long parcours de cette lecture qui peut devenir pour les HP, incontournable de connaissances, de recherche et, que l'on ne peut qu'approuver ?

Danielle

Avant-propos

Les psychologues travaillent sur le conscient.

Après quelques années de faculté, ils obtiennent un diplôme reconnu par l'État. Les consultations ne sont pas remboursées.

Les psychiatres sont des médecins spécialisés en psychiatrie :

Ils soignent avec des médicaments, nous les appelons les médecins de l'âme. Les consultations sont prises en charge par la sécurité sociale.

Les psychanalystes : (dont je fais partie).

Le mot psychanalyse et la psychanalyse ont été créés par Freud et signifient, analyse de la psyché, entendez analyse de l'inconscient. Nous avons passé une psychanalyse, puis étudié, avec un psychanalyste les mécanismes inconscients et la psychosomatique c'est-à-dire psycho : la psyché et somatique : le corps, retranscription de la douleur psychologique sur le corps.

Les psychanalystes peuvent suivre des travaux durant 3 à 6 ans ou plus.

Pour ma part j'ai créé mon École c'est-à-dire ce que nous appelons : « un courant de pensée ».

L'ENFANCE

LE MONDE DE L'ENFANT SURDOUÉ

Quand Freud parle de l'inconscient, il s'explique sur la mémoire de l'enfant qui ne peut mémoriser ses souvenirs qu'à l'âge de trois ans.

Curieusement, je me souvenais parfaitement de quelques détails bien avant mes trois ans mais j'en avais conclus que mes souvenirs étaient probablement le fruit de mon imagination.

Bien des années plus tard, je découvrais que nombreuses étaient les personnes qui ne fonctionnaient pas comme nos grands maîtres nous l'avaient enseigné...

Le surdoué se souvient des bruits, il retient les odeurs et parfois les paroles en bruit de fond et lorsqu'il rassemble les morceaux, il vous parle du jour de sa naissance et de sa vie intra-utérine.

Alors je dirais que l'enfant surdoué mémorise son environnement bien avant ses trois ans...

Bien sûr il ne va pas vous raconter...

Il exprime ses ressentis, il décrit les couleurs et explique les odeurs, les images, les formes, les mouvements et ainsi parvient-il à décrire les lieux et à reconstituer son histoire.

Face à toutes ces différences je me suis posé bien des questions :

Est-ce que l'enfant surdoué aurait eu une naissance difficile qui aurait pu créer quelques problèmes au niveau de son cerveau ?

Est-ce que l'enfant surdoué aurait souffert pour venir au monde ?

Serait-ce son habitacle intra-utérin inconfortable qui crée sa sensation d'étrangeté de ce monde et son manque de repère ?

Ou encore ce jumeau perdu qui le met dans un chagrin ?

C'est pourquoi je suis revenue à sa naissance et même avant pour refaire le chemin à l'envers de son destin...

Observons un bébé surdoué :

Il a quelque chose de très profond dans le regard, ses yeux sont rieurs même quand il ne sourit pas...

Certains semblent scanner l'environnement, d'autres vous fixent ou encore ont les yeux dans le vague mais ils ont tous ce quelque chose sur le visage : un mélange d'inquiétude et d'arrogance qui leur confère un air hautain de bébé qui pourtant est envahi de timidité et de curiosité.

Le petit surdoué est déjà dérangé par un environnement, soit trop bruyant, soit trop silencieux...

Il peut être un bébé colérique ou absent...

Mais c'est un bébé très observateur qui sans le comprendre se pose déjà la question sur la façon qu'il aura d'aborder et d'apprivoiser ce monde, qui, à pas de velours lui fait ressentir un sentiment étrange...

Il observe, accumule les informations et tout ceci entrera et restera en vrac dans sa mémoire comme un puzzle indéchiffrable...

Notre petit prince grandit et sa mémoire est déjà bien remplie pour un bout de chou haut comme trois pommes.

Le temps passe avec les balancements de l'horloge... Le petit prince continue sa route...

Dans sa quête d'observateur au grand-angle ouvert à la curiosité, le petit prince développe une intelligence intuitive et instinctive de par ses interrogations.

Ses questions restent trop souvent sans réponse, sans grand intérêt pour l'adulte en prise avec son quotidien.

Alors son monde commence à se faire dans sa tête et à voix basse.

Son cerveau est en route vers cette grande aventure qui n'est pas prête de s'arrêter.

Notre petit prince, silencieusement s'enferme désormais dans ses pensées, dans le silence, dans ce que Lacan décrit comme **le silence de la mère...**

Nous parlerons de son attachement à elle, réel ou symbolique.

Notre petit prince et son hyper-sensibilité, restera désormais attaché à celle qui crée les ailes de sa pensée, puisque sans elle il ne sait plus, ni se panser, ni se réfléchir.

Elle devient son indispensable, **sa symbiose** et le surdoué restera au bord d'elle durant toute sa vie, et il entrera dans le fantasme de croire que sans l'autre il n'existe pas et, où son autre est partie entière de lui-même sans laquelle il ne sait ni respirer, ni s'inspirer, ni exister.

Contrairement à tout enfant, **le petit prince ne sortira plus de sa bulle imaginaire** que Lacan explique comme **le monde de la mère**, où, chacun de ses besoins devient une nourriture indispensable pour survivre et qui se nomme plus simplement « **amour des sens** ».

Le surdoué gardera le besoin de ses 5 sens comme une nourriture vitale qui dans son manque engage un processus morbide de peur et de terreur.

Bien sûr que nous sommes dans des symboles, mais le petit prince lui-même n'est-il pas à lui seul ce symbole de l'anormal ? Quand Lacan parle encore de la normale ou de la norme du mâle ?

Alors c'est quoi la bulle du surdoué ?

LA BULLE DU SURDOUÉ

C'est un monde imaginaire, un monde indescriptible, un monde qui n'existe que par son fonctionnement.

Et Lacan reprend comme symbole :

La Vierge Marie et son enfant, qu'il décrit comme l'effet miroir, c'est-à-dire se réfléchir au moyen de l'autre.

Il ne voit qu'elle, elle ne voit que lui.

Il n'existe que par elle, elle ne vit que par lui.

L'enfant et sa maman sont en symbiose.

Mais plus encore, dans ce monde de la mère tous nos besoins sont remplis :

Toucher, regarder, sentir, goûter, écouter : ce qui constitue les besoins de l'enfant.

Et Lacan d'ajouter :

« Tout au long de sa vie, l'Homme n'aura de cesse que de vouloir retourner dans le monde de la mère où tous ses besoins étaient comblés ».

C'est cela le monde de la mère, c'est de ce monde d'où nous venons tous, **c'est de ce monde dont l'enfant surdoué ne sortira probablement jamais...**

Et qui le fera vivre dans ce principe de symbiose, toute sa vie durant, avec toute personne qui lui permettrait de s'en nourrir.

Restons dans la symbolique afin d'en comprendre le cheminement, le comportement et surtout le besoin des surdoués qui sont les cinq sens :

Toucher : je dirais par l'émotion.
Regarder : se vivre par le regard de l'autre.
Sentir : respirer par les sens.
Goûter : se nourrir par l'autre.
Écouter : être entendu c'est-à-dire compris et accepté.

Tout surdoué privé de ses 5 sens ne saurait se réaliser, vivre ou être heureux.

Évidemment que nous sortons du schéma traditionnel.

Évidemment que le surdoué devra comprendre son fonctionnement pour s'épanouir et non s'accrocher désespérément au bord d'elle à tourner en rond pour trouver la sortie mais au contraire, comprendre, accepter et relativiser qu'il est symboliquement dans ce monde de la mère et qu'il devra apprendre à vivre en nourrissant constamment ses **5 sens** qui sont pour lui un besoin vital contrairement aux autres qui, eux, devront apprendre à vivre avec leurs manques. **Ceci est le fonctionnement psychanalytique inconscient du surdoué.**

LA COUPURE

Mais plus encore...

Après la symbiose, c'est l'heure de la coupure.

L'enfant doit se défaire de cette symbiose avec sa maman et c'est évidemment le rôle du père de séparer la mère et l'enfant, en effectuant la fameuse coupure afin que les parents puissent reprendre leur place d'homme et de femme, sans pour autant en oublier leur rôle de mère et de père.

Ici encore notre petit prince échappe au schéma traditionnel...

Il ne peut et ne sait vivre sans elle...

Ne me demandez pas pourquoi ?

Je ne sais pas...

Aussi, le père aura beau faire et défaire, le petit prince restera toute sa vie durant, assis, haut perché sur son aile repliée dans le monde de la mère.

Désormais le petit prince gardera un pied dans un monde imaginaire qui lui vaudra plus tard un chagrin quasi permanent entre ce monde imaginaire et la réalité, trop lourde à supporter.

Cet attachement à la mère qui deviendra plus tard sa grande symbolique de la Mère terre nourricière accompagnatrice, cette Mère lumière qui lui donne la main et qui en réalité, n'existe et ne vit que dans

l'esprit du surdoué par les symboles qu'elle transporte et qui confirment son indescriptible différence.

Alors j'ai aimé imaginer le prince assis sur le monde qui regarde les étoiles espérant qu'au firmament, on viendrait le chercher pour l'amener dans cet ailleurs qu'il désire tant et qui n'est autre que l'amour inconditionnel et bienveillant sans jugement, ni conflit, ni certitude, ni enfermement...

Mais le monde reste dans une indifférence apparente.

Apparente car il m'a toujours été doux de penser que le monde, la terre savait. Cette terre mère qui de ses arbres accueille le petit prince, l'aide à se tenir debout lorsque que, désespéré, sur son tronc il s'accroche pour s'élever et se ressourcer.

Tout autant que la fraîcheur de l'eau qui assoiffe le petit prince jusqu'à en épuiser sa source.

Le vent dont les paroles de la mère le poussent vers des pensées humaines insensées, ce vent qui souffle le temps de refaire un monde sans précédent.

Les saisons qui viennent attrister le cœur des princes quand le roussi de l'automne montre ses faiblesses à perdre son temps.

La neige dans la pureté de son blanc apaise l'enfant qui pour un temps saura s'asseoir et regarder devant.

Bien sûr que le prince est poétique !

S'il en prend le temps...

Mais il attend...

L'autre saison qui vient comme le printemps éveiller la terre endormie.

Comme si à cet éveil le petit prince en faisait autant.

Le petit prince parlera d'ailes si souvent puisque la phonétique lui va si bien...

Confondant inexorablement ses ailes qui resteront avec amour attachées à elle, toute sa vie durant...

Et le petit prince restera en lien avec les siens, tout au long de son chemin...

À croire que l'enfant surdoué naît avec des cordages mentaux à la place du cordon ombilical.

Je parle de liens d'amour, même si adulte il se sépare de ses parents, quelque part, dans le plus ancré de son cœur, il n'en sera jamais libéré c'est aussi cela qui inscrit sa différence. Le monde des terriens le ramènera sans cesse à se fondre, se confondre et se formater dans un monde qui ô combien n'est pas le sien !

Puis il développera une obsession à vouloir être comme tout le monde ce qui lui vaudra bien des déboires, mais nous n'en sommes pas là...

LE COMPLEXE D'ŒDIPE

Puis nous toucherons le sacré de la psychanalyse **le fameux complexe d'Œdipe**.

Annoncé par Freud dans un premier temps :

« Il tua son père sans savoir que c'était son père et fit l'amour avec sa mère sans savoir qu'elle était sa mère. »

Lacan affine le discours en reprenant :

« Je démunis mon père de tout pouvoir et couvre ma mère »

Entendez par là :

« Je démunis mon père de tout pouvoir pour retourner dans le monde de la mère où mes 5 sens étaient comblés ».

Si Freud reprend la mythologie grecque pour imager l'attachement de l'enfant à la mère, le petit prince ne sachant rompre les liens, ne sait ni se défaire de la symbiose, ni démunir son père de tout pouvoir.

Il sera sans aucun doute l'exception de Messieurs Freud et Lacan puisqu'il ne contribuera pas à ce grand principe du complexe d'Œdipe.

Je me souviens de Marcel Rufo et de son livre « Œdipe toi-même » mais lorsqu'on lui pose la question :

Pourquoi ce titre ?

Il raconte qu'il parlait à un enfant de ce fameux complexe d'Œdipe et que l'enfant lui rétorquât :

« Œdipe toi-même ! »

Dommage qu'en cet an 2000 Marcel n'ait pas entendu ce message...

Si le petit prince échappe à la coupure, il subira tout de même la frustration de la séparation physique entre lui et sa maman. Il restera, psychologiquement et symboliquement profondément attaché à celle-ci. Chemin faisant, il n'échappera pas plus au syndrome de frustration qui souvent engendre rage et colère parfois jusqu'à la violence, **s'il ne trouvait pas un apaisement de par sa mère à être rassuré et de par son père à être sécurisé**. Puis comme tout autre enfant, il construit ici sa structure qui se veut, simplifions, soit introvertie (obsessionnelle), soit cxtravertie (hystérique), que nous retrouverons plus tard pour nos petits princes, soit en mode HPI (Haut Potentiel Intellectuel), soit en mode HPE (Haut Potentiel Émotionnel)...

Mais laissons tout cela à la psychanalyse et revenons plus simplement au cheminement de l'enfant surdoué...

Replié sur lui-même, exubérant, turbulent ou silencieux, le surdoué a déjà bien inscrit sa différence lorsqu'arrive sa première sortie vers ce monde qu'il redoute tant sans le savoir, sans le vouloir et sans le croire...

LES ÉTUDES

LES ÉCOLES

Et le petit prince se trouve bien démuni quand la cloche se met à sonner...

C'est ici que commence la douloureuse histoire des premières années sociales de l'enfant surdoué...

Dans ce contexte de la petite école, où personne ne pourra quitter les locaux, où aucune maman ne viendra nous sauver de ce monde pertinent, le surdoué se sent parqué comme dans un troupeau de moutons dans un pré. Situation fortement inconfortable d'où il va réussir à s'échapper, au détriment de sa réelle personnalité... non décelée.

C'est là où chaque enfant surdoué commence à tisser la trame de son devenir. Extirpant toute sa créativité pour échapper à ce système, il va créer ses propres mécanismes de défense, de protection mais aussi d'inhi-

bition pour cacher son abnégation au système dont la première phase est la maternelle.

Et cet abandon sur les bancs de l'école va être déterminant.

En effet, la rupture, même provisoire, du lien parent/enfant mais surtout famille/familier et l'école, étrange/étranger, marque chaque enfant, je le conçois, mais l'enfant surdoué va se positionner en tant que tel, ce qu'il ignore et qui va, vous le comprendrez, le mener vers une totale dépersonnalisation face à un système ignorant et défaillant.

Ma mère s'éloignait...

Je me souviens être resté pétrifiée. Je n'avais pas vraiment de question dans mon esprit. J'étais loin de penser que je subirai l'acceptation, que je me plierai aux volontés d'un troupeau bien dompté qui me laissera un goût âpre et amer dont jamais je n'allais me défaire. Je regardais les enfants : les uns pleuraient, d'autres tapaient des pieds ou encore jouaient avec les quelques objets que les dames avaient amassés sur le sol. Je m'en souviens puisque c'était hier... Des locaux indécents de froideur, des dames qui souriaient sans en avoir envie. Je m'échappais de moi, m'extirpant de mon corps et des bruits clairement définis qui devenaient confus au fur et à mesure, ou je me quittais ou je m'éloignais.

Et le pain au chocolat devenait amer, je le cachais dans ma poche, l'écrasant comme mon cœur s'écrasait de voir ce monde dans lequel je savais que je ne serai jamais en lien. Le pain au chocolat fut le symbole du triste abandon de ma mère qui s'éloignait, me séparant de mon père avec qui je fusionnais et avec qui malgré tout j'allais rester attachée à tout jamais.

C'est ici que les surdoués, pour la plupart vont faire connaissance avec leur première déprime du monde « humain » et ressentir qu'ils ne sont pas comme les autres enfants bien que n'en percevant aucun signe visible.

Ils ressentent quelque chose de différent mais ne perçoivent pas la différence. Comme si des voiles ne leur permettaient pas de voir et encore moins de deviner. Ils entendent sans la voir cette différence qui s'inscrit. Ils regardent sans comprendre ce monde si petit... qui ne leur veut pas que du bien.

DE LA PRIMAIRE À LA SECONDAIRE

C'est de ce combat dont je parle.

L'intelligence du système qui ne prend pas en compte l'émotionnel et surtout ce : « on apprend » où, celui qui a mis en place la scolarité même du petit ne viendra pas s'en expliquer. Et voilà que l'enfant surdoué, dans son principe de survie va entrer dans la création de son monde, de ses propres mécanismes afin d'échapper à l'imposition d'un discours qu'il ressent comme rébarbatif et incompréhensible.

Il se détache alors de ses petits camarades, non pas par volonté, mais parce que les amarres sont larguées...

Le système va enseigner à l'enfant la pire des choses, mettre un vocabulaire sur des mots d'esprit, sur des couleurs, des matières c'est-à-dire que le système dès la maternelle (faisons une généralité) projette l'enfant vers la matérialisation de ce qui, jusqu'alors, n'était que sensitif.

Le système met l'enfant surdoué dans le pire des carrefours, la mixité entre le discours du cœur, du ressenti, de l'émotion et celui du rationnel et de l'intellect.

Une posture, sans aucune différence avec les autres enfants qui, n'ayant pas la même surcharge émotionnelle et cet angle de visibilité, pourront y adhérer alors que le surdoué va tenter de s'en échapper.

Et chez certains certaines l'émotion bat son plein :

La peur non stoppée, l'angoisse dans le noir de la nuit sans explication et ici, dans ce monde social, où son lourd passé n'est même pas digéré vont créer ce qui se nomme :

Une phobie sociale accompagnée de troubles somatiques...

Perdu dans un monde qui n'est pas le sien et qu'il ne connaît pas...

Ses émotions, ses ressentis l'envahissent au point qu'il perd le contrôle de sa pensée et de sa respiration.

Son estomac se noue, ses mains deviennent moites, le monde qui l'environne bouge au point de le faire tanguer.

Il n'arrive pas à parler, il bégaye, sa tête s'envole dans des maux, son ventre se tord les boyaux, une envie de vomir, le cafard, la tristesse, la colère, la rage, l'injustice, l'impossibilité de fuir, la résignation, le contrôle, l'abnégation et probablement que j'en oublie...

Tout ceci va le mettre dans un seul objectif : un mécanisme de survie...

Et c'est bien sur ce fond d'écran que le petit enfant, ce grand veut comprendre pourquoi et comment il est ici et surtout qu'est-ce qu'il est venu y faire ?

Continuons ce chemin du petit prince...

Le petit prince sur les bancs de son école...

Se déplacer tous en même temps au même moment, le HP ne sait pas faire, la foule peut même le terroriser... Il ne comprend pas cet environnement, il voit sans voir, comme si un voile translucide se posait sur cette impalpable réalité... que j'ai nommée **une vérité voilée** et n'a pas les mots pour s'en expliquer...

Son sixième sens en éveil permanent, son flair animal, c'est de cela dont je parle et qu'il est difficile non seulement pour moi de m'en expliquer mais plus encore de vous en faire part.

Le petit prince naviguera dans ce voile jusqu'à ce que lui soit révélé le secret de sa différence et jusqu'à ce qu'il accepte de se vivre et de se comprendre.

En attendant le ressenti non exprimé sur lequel personne ne met de mot va mettre le petit prince en mode de survie, c'est-à-dire échapper à ce que j'ai appelé durant des années **la mort-sûre de sa non-en-vie**.

C'est pourquoi l'ensemble du fonctionnement scolaire ne convient pas aux surdoués puisqu'il ne prend en compte ni ce sixième sens, ni cette fréquence parallèle, ni son besoin du ressenti pour communiquer et apprendre différemment.

Le surdoué entre alors dans une immense solitude où seul l'affect, l'amour des autres pourraient lui venir en aide...

J'aimerais vous dire que j'exagère mais je pense même que j'amoindris ce principe de communication.

La primaire sera la deuxième épreuve pour le petit prince...

Oui bien sûr que très souvent une maîtresse ou un maître dans sa sensibilité permissive d'un enseignement généralement rigoureux va transpercer, transgresser les lois du système et mettre plus en avant son affect, ce qui, vous le comprendrez, permet au surdoué de laisser se diffuser son émotion, son sixième sens, ce qui devient, pour le petit prince, un élément salvateur pour un temps de son enfance...

Lorsque s'achève la primaire notre prince s'en trouve grandi. Il pense sans doute en avoir fini avec l'heure des petits. Il rejoint les grands, la diversité des professeurs, les changements de classe, sorti de l'état de stigmatisation qu'il a connu sur les bancs de la maternelle et de la primaire. Il ressent sans doute ce flux de liberté qu'il attend depuis si longtemps...

Ô combien certains vont être déçus par ces professeurs qui sont encore à dicter la conduite des élèves :

Jugement !

Regard !

Le petit prince n'en a pas fini...

Devra-t-il attendre l'université pour enfin toucher l'art de la connaissance sans en être jugé ou réprimandé par un enseignement non adapté ?

Il ne trouvera pas la liberté escomptée sur les rangs du lycée...

Le surdoué qui aura su garder le contrôle de ses émotions continuera brillamment dans l'excellence et les félicitations...

Le surdoué qui aura su tempérer entre émotion et contrôle s'en sortira sans égratignure...

Tandis que l'émotif sera encore aux prises de ses émotions à rechercher le prof ou la prof bienveillante qui pourrait l'accompagner... S'il trouve cette personne bienveillante, une ou plusieurs, parmi les professeurs, il saura survivre et son passage en classe supérieure sera obtenu sans trop de difficultés même si cela est très limite. Dans le cas contraire, il est le petit prince oublié, celui des derniers rangs, abandonné dans son cœur qui n'arrive plus, comme un marin, à s'accrocher aux cordages du navire, afin de ne pas couler...

Mais le surdoué est vif, il sait rechercher les informations entassées dans sa mémoire pour un examen de passage de dernière minute qu'il réussit, apparemment, comme un coup de chance...

Et pourtant il n'en est rien !

Le surdoué entasse dans son disque dur, toutes les données qu'il scanne et amasse, parfois à son insu, et qu'il sera capable au moment voulu de ressortir simplement en cherchant dans sa mémoire.

Pourtant, souvent ignorant de ce processus qui l'accompagnera tout au long de sa vie et le sauvera bien des fois...

A contrario, sa mémoire grave à tout jamais ces phrases assassines qui semblent venir d'un autre monde... !

Élève paresseux peut mieux faire

N'écoute pas en classe

Trop indiscipliné

Capacités mais aucun effort

Et juste l'envie de dire, de crier :

Si vous saviez... !

Si vous saviez combien votre discipline me fait perdre mon temps...

Si vous saviez comment rabâcher 10 fois la même chose me fait vous quitter dans mes pensées...

Si vous saviez combien je n'ai pas envie d'aller à la récré...

Si vous saviez combien manger au réfectoire est mon plus grand désespoir...

Si seulement vous saviez m'entendre ou me comprendre ou bien non... Juste me voir...

Ceci vaut principalement pour les HP en mode émotionnel...

Le HP est souvent en difficulté au collège-lycée vers la cinquième, la troisième ou la première, juste avant l'examen final qu'il a tant de mal à atteindre, lorsque ses émotions l'emportent.

Il n'existe aucun absorbeur émotionnel dans notre système scolaire, ce qui laisse le HP-émotif couler à la dérive de son cœur en détresse.

Fin du lycée :

Le HP (Haut Potentiel), qui contrôle ses émotions, passe brillamment ses examens souvent avec la mention :

« Trop bien. »

Le HP en harmonie entre émotion et contrôle suit son chemin.

Tandis que le HP émotif se dirige alors vers une autre voie, trop souvent une voie de garage où le train de sa locomotive est épuisé et n'a plus le carburant nécessaire pour pouvoir continuer. Il rejoint souvent, ici les écoles d'art... Si on lui en donne les moyens, ce qui reste très incertain.

LES ÉTUDES SUPÉRIEURES

Les grandes écoles sont l'ambition et la passion des HP...

Beaucoup les convoitent mais peu seront élus sous les lauriers.

Le HP dans l'excellence (HPI) est dans le blocage de ses émotions, ainsi que dans le contrôle permanent, mécanisme extrêmement violent. Il réussit brillamment le concours aux Grandes Écoles.

Mais, si par malheur la cuve récoltante de ses émotions venait à déborder, les vapeurs se feraient violemment entendre dans une mise à mort impitoyable qui guette celui qui aurait osé défier la loi de la gravité émotionnelle...

Ceci en est l'extrême danger...

Toujours dans l'excellence, il continue de brillantes études jusqu'à devenir pour la plupart, **les bâtisseurs des nouveaux mondes**, ceux de la Silicon Valley, les prodiges du monde informatique ou de la finance.

Le HP tempéré (HPI/HPE), plus fin, préfère ne même pas tenter l'université.

Mais s'il s'y aventure, il saura naviguer jusqu'à la fin du voyage universitaire ou entre émotion et mental, il se dirige vers son équilibre :

Création et construction.

Ils sont probablement nos meilleurs éléments dans la recherche quelle qu'elle soit, **ils sont les concepteurs, mélange du bâtisseur et du créateur.**

Le HP émotif (HPE), dans le désarroi de sa solitude, recherche partage et bienveillance qu'il trouvera plus ou moins tardivement dans la création de son imagination. Ce sont **nos créateurs**, souvent très tardivement.

Avant de conclure ce chapitre, je voudrais dire...

Les HPE ne sont pas reconnus. Leur potentiel reste tellement enfoui sous leurs émotions. Ils sont les rejetés et pourtant...

Cependant nous ne pouvons pas confondre les personnes émotives hyper-sensibles et les HPE .

Pour conclure :

Nos princes dont je viens de définir les grands schémas, très symboliquement dans les grandes lignes sont **extrêmement timides, complexés et pudiques**.

Mais ne vous y trompez pas... :

Le HP sous contrôle (HPI) passera vers sa partie dite émotionnelle et réussira à rejoindre ses émotions non sans casse...

Le HP tempéré (HPI/HPE) toujours fidèle à lui-même n'a pas grand chose à craindre, il sait naviguer...

Le HP émotif (HPE) après pleurs, larmes et chagrins non refoulés, trouve enfin sa voie dans la créativité.

Mais pour chaque **HP**, tout cela sera pour beaucoup plus tard, lorsqu'enfin, il acceptera **de vivre sa partie enfant** et mettra de côté son sérieux sans en oublier le chemin parcouru qui restera gravé dans sa mémoire, entre déboires espoirs et désespoirs…

Il deviendra avec certitude le créateur de sa vie… presque à l'aube de celle-ci…

Mais c'est un autre chapitre…

PRINCIPES ET FONCTIONNEMENTS

LE MONDE DU SURDOUÉ

LE SURDOUÉ, SON FONCTIONNEMENT, SES MÉCANISMES

Si le surdoué vit dans sa bulle, qui est son terrain de prospection contre sa peur du monde extérieur, il est impressionnant de voir combien il ne sait pas protéger ses territoires et encore moins sa place.

Sa place dans sa famille, sa place envers ses amis et plus tard sa place dans l'entreprise…

Parce que le surdoué, toujours dans la culpabilité de sa différence, sait rarement dire non, ou au contraire, se construit des protections qui dans un cas comme dans l'autre, non seulement l'empêchent d'être lui-même mais le déplacent et l'expulsent de ses territoires, de ses désirs.

À quoi bon parler des autres, puisque durant toutes ces années vous n'avez fait que me raconter ma propre histoire…

Le surdoué ne fonctionne pas comme tout le monde et il va vous le prouver :

Le mécanisme est engagé…

Le surdoué entre dans cette machine qui ne le quittera plus jamais même si plus tard, beaucoup plus tard, il en comprendra le mécanisme.

Il entre dans cette énorme machine à penser qui est constituée d'une intelligence froide (quantitative de 120 à 150 et plus, même si je déteste comptabiliser…), ainsi qu'une intelligence intuitive et sensorielle. Si l'on ajoute à cela sa mémoire, son hypersensibilité qui déclenche en lui des émotions intenses, sa culpabilité de la différence, non ce n'est pas fini. Il y a aussi son affect, tout ce qui est lien et attachements qui le relient aux autres, à ceux qu'il aime; vous commencez à entendre et sentir l'intimité de la bulle d'un surdoué…

Un terrain extrêmement chargé où **il attend des réponses**.

C'est le premier drame de sa vie…

Et quand bien même connaît-il seulement les questions pour trouver les réponses ?

Il utilise tous ses sens pour se mettre en équilibre :

Sa mémoire visuelle et sensitive : odeurs, couleurs, sensations, ressentis.

Sa peur de l'autre : l'oblige soit à composer, soit à s'enfermer.

Sa curiosité : l'engage vers la résolution de problèmes, vers des solutions.

Son empathie : fait de lui un être extrêmement gentil.

L'incompréhension de ses interlocuteurs : le met dans **la frustration, la rage et la colère**.

Son émotion en alerte constante : l'épuise.

Son QI au-delà de la moyenne : ne trouve pas suffisamment de nourriture à son niveau.

Son besoin de faire : le conduit vers des malentendus.

Sa quête de sens : fait de lui un être arrogant et insolent.

Son décalage : perturbe et le perturbe.

Son besoin de découvrir : agace son entourage.

Son don du partage : l'attriste en cas de manque

Son besoin de l'autre : fait de lui une proie facile.

La culpabilité de sa différence : le replie sur lui-même.

Un goût âpre et amer l'envahit, monte et descend... Il subit.

Et bien entendu tout cela va se mélanger dans son esprit.

Sa mémoire visuelle se confronte à sa peur de l'autre, recherchant la curiosité, il ne trouve pas sa quête de sens, ses besoins l'agacent, le non-partage l'attriste et le culpabilise, il s'isole et le tout le conduit vers des malentendus qui le perturbent, l'agacent et l'ennuient...

Il est épuisé !

Et tout est en surface rien ne s'infiltre dans l'oubli…

Et, bien évidemment que le surdoué ne se sait pas qu'il est surdoué !

Bien évidemment que le surdoué ne connaît pas sa différence !

Bien évidemment qu'il va devoir mettre quelque chose en place presque même sans s'en apercevoir vraiment afin de se vivre.

Mais dans son fonctionnement, dans les rouages de sa mécanique inconsciente, dans son immense complexité pour exister, **il va s'acharner à vouloir être comme tout le monde, ce qui ne va pas être sans une multitude de déboires…**

En attendant, le surdoué va mettre en place une autre façon de fonctionner pour s'échapper de lui-même, pour se survivre et ceci **au détriment de son moi profond**, de son être à la fois **naïf et lucide** qui ne font pas bon ménage dans un système bruyant et impertinent.

Le petit prince survivra de par son enfermement au silence…

Ce silence qui le lie à la mère dans son sens large est surtout fortement gardé dans les profondeurs de son inconscient…

Ce n'est qu'au fur et à mesure du temps lorsque « le grand » aura parcouru ce chemin de la compréhension jusqu'à l'acceptation, qu'enfin cette partie de lui « le petit », qui malgré les apparences aura su se préserver, pourra se vivre et s'exprimer pleinement.

Notre petit prince est un grand, sa compréhension intuitive du monde fait de lui une personne mature dès son plus jeune âge…

Quand tu seras grand mon prince tu retrouveras l'enfant que tu n'as pu, ni su être…

Je sais que cela peut vous attrister…

Tout au long de son existence, le HP n'aura d'autre objectif qu'une recherche idéaliste qu'il nomme :

Sa quête de sens

Et qu'il décrit par ces mots lorsqu'il la concrétise…

C'était comme une évidence.

Pour tous ces motifs je pense que le surdoué a une vie à l'envers…

C'est ici que j'écrivais :

Quand j'étais petite… j'étais grande…

VULNÉRABLE ET SENSIBLE

Le surdoué a une telle ouverture d'esprit quand il est petit, un tel éventail d'intelligences qu'évidemment le chemin qu'il devra parcourir, trop souvent seul sans aucun accompagnement, nous montre à quel point il est un grand et que le petit à l'intérieur de lui n'a aucun moyen de pouvoir se vivre puisque le grand prend toute la place.

Mais ce qui sera déterminant pour les HP et qui fera de ces êtres des personnes au talon d'Achille extrêmement vulnérable est ce mélange indissociable entre **sensibilité et empathie** dont il aura à se protéger durant toute son existence et qui, camouflé, laisse croire sous le regard des autres, qu'il est prétentieux et arrogant, ses différents masques faisant.

Sa différence, son doute permanent, son empathie et son intuition font de lui un être aux ressentis extrêmement pertinents et puissants qui le laisse sans voix au point de le faire basculer vers des incertitudes, transformant ainsi, parfois, sa force en vulnérabilité.

Ceci est son talon d'Achille...

LE SURDOUÉ ET SON ENVIRONNEMENT

SA FAMILLE

Certains vont être surpris mais vraiment ce qui est fondamental même vital pour un surdoué c'est son environnement.

La bienveillance n'est-elle pas une denrée rare en cette époque de grands changements ?

Mais le surdoué ne saurait vivre sans cet échange et ce besoin de partage.

Si le regard de l'autre le terrorise (oui terrorise), il a cependant grand besoin d'un regard bienveillant pour s'identifier.

Le surdoué aime à se retrouver seul dans la nature qui lui va si bien et le réconforte à son image tel un miroir où il peut s'y réfléchir.

Mais sans la compréhension de sa différence par sa famille, qui est sa première identification sociale, le surdoué se vivra seul dans l'isolement comme un ovni parfois même regardant son corps bouger et se déplacer sans vie.

Où, seul le chagrin deviendra son compagnon fidèle, symbolisant hélas l'absence **symbiose mère/enfant**.

Quelques surdoués auront la chance d'être accompagnés par des parents surdoués mais ce n'est pas systématique… On peut être surdoué dans une famille de normaux pensants.

Le surdoué qui, même sans le savoir a la chance, oui je dis bien la chance, de vivre dans une famille où il y a un ou plusieurs surdoués, sincèrement, est ce qu'il peut y avoir de meilleur et de plus confortable pour lui.

Il sera entendu c'est-à-dire compris et reçu dans sa sensibilité, ses émotions et même dans la raison de ses colères.

J'ajouterais cependant que plusieurs surdoués même s'ils ont le même fonctionnement sont très différents. Je m'en explique plus loin dans le chapitre HPI/HPE. Ce qui peut créer des conflits, même entre surdoués, ceci en est la subtilité.

Aussi, être entouré de personnes au minimum bienveillantes est le seul espoir pour un surdoué de ne pas sombrer dans la dépression ou cette envie de mourir… Je sais, certains peuvent hurler en me lisant mais cette longue expérience ne me laisse pas d'autres choix à penser.

Et, je parle souvent de MIKA ce chanteur aux boucles brunes, au sourire éclatant, au regard surdoué évident. Toute une famille surdouée.

Cela ne devrait, hélas, pas l'empêcher par moment comme nous tous de sombrer quelques instants dans la tristesse d'un monde hostile.

Mais le surdoué s'il touche souvent le fond refait surface presque instantanément.

Les surdoués qui, à regret, se sont vus plonger dans cette dépression sont les surdoués isolés. Isolés dans

leur cœur, dans leur vie, sans possibilité de communiquer, d'échanger ou de partager et cela commence dans notre famille.

Et les surdoués sont trop souvent la proie des hôpitaux psychiatriques ou parfois ils vont d'eux-mêmes frapper à la porte pensant y trouver une bonne âme qui saurait les recevoir, les comprendre, leur expliquer et où pour un temps, en sécurité, ils penseront pouvoir s'y reposer… Ce qui est un leurre de toute évidence et de constat.

Comme je l'ai dit mais je me plais à le redire, mon père (HPI) m'a tracé le chemin de mon destin. Il a été mon accompagnateur, mon protecteur, celui qui a veillé tel un aigle à éloigner les démons, les vautours en quête de proie et ce n'est qu'à la mort de mon père que je découvrirai un monde impitoyable qui m'obligera au combat pour enfin arriver dans ce monde qui est le mien…

Celui des surdoués, mais c'est une autre histoire mon émotion m'égare…

LES MOTS

Dans sa souffrance… le surdoué isolé, va tenter encore et encore de vous expliquer ses ressentis, ses émotions, ses raisonnements car il ne saurait vivre sans ce besoin de l'échange…

D'un revers de manche, toujours sans intention de nuire, vous le chassez, le renvoyez à sa place de petit enfant et là, ô sacrilège ! vous l'avez rejeté, renié et abandonné dans ce qu'il avait de plus précieux, le partage et la bienveillance.

Contrairement à ce que vous en escomptiez, vous n'avez fait que multiplier sa pensée qui, dans sa coquille, rétractée, va s'amplifier.

Comme l'escargot qui se rétracte au moindre bobo, comme celui que l'on regarde comme un singe, comme un petit animal, les mots lui manquent…

Peu à peu, il disparaît du regard des autres, tandis que sournoisement, tristesse et chagrin, remplissent les raisons de sa colère…

Il devient sous le regard des autres, dans leur jugement presque indécent… ***le vilain petit canard.***

À LA MAISON

Le surdoué perçoit son environnement comme une énigme à résoudre.

Il capte les erreurs des adultes qui selon lui ne font pas ce qu'il faut et quand il le faut.

Comme un étudiant au tableau, le surdoué enfant, prend note et retrace les informations.

L'équation est le problème, pour le résoudre, il lui faut trouver le meilleur résultat et pour ce faire, il contournera le chemin qu'aurait pris tout autre bambin.

Il réunit les éléments, les repositionne, les tourne et les contourne, les remet à l'endroit, à l'envers puis dans un sens et dans un autre sens, car son obsession est de comprendre.

Dès qu'il a compris, il s'engage vers un autre problème, pour faire, défaire et refaire le chemin, parfois le même mais différemment. **Ceci devient sa quête incessante et cela ne va pas plaire à tout le monde.**

Aussi, dans l'incompréhension, dans l'impossible communication, comme un petit animal au regard craintif intrigué, apeuré et amer, il se confine sur lui-même.

LE CONFIDENT

Arrive un jour…

Vous n'avez personne à qui parler…

Alors il est là, l'enfant surdoué, assis comme un petit prince sur sa branche perché, prêt à vous écouter.

Vous vous confiez à lui, il sait être attentif, vous lui parlez et il comprend. Vous venez de faire de lui, à tout insu, votre confident.

Mais on ne lui demande, ni réponse, ni réflexion.

Impuissant, il assiste à cette audition involontaire et par amour pour vous, sa mère, il gardera en lui sa voix haute, dans les méandres de son silence…

Le silence devient le geôlier de sa prison.

Il vivra désormais avec cette voix intérieure que vous lui avez, sans intention de nuire, obligé à entendre…

Qui plus tard le mènera à croire qu'il est fou…

TYPOLOGIE, LE MONDE DES HP

LE MONDE DES HP, HPI, HPE

INTRODUCTION

Maintenant promenons-nous dans ce monde merveilleux qu'est le monde des HP et de leur fonctionnement afin de pouvoir nous identifier, nous connaître et nous re-connaître…

Nous ne pouvons pas ignorer que si les surdoués sont semblables, ils fonctionnent différemment dans un même mécanisme mais dans des éléments proportionnellement différents.

Aussi, nous pouvons discerner trois grandes lignes…

Non pas grossièrement, mais bien au contraire avec une très grande subtilité.

Certains fonctionnent en mode émotionnel et d'autres en mode mental-intellectuel. Si l'on ajoute à cela sa multi-identité, sa multi-pensée, ses diverses connexions, son côté mentaliste et visionnaire, nous pouvons ressentir la richesse du HP et sa difficulté d'adaptation sociale.

Même s'il pense parvenir à une intégration, (obsession permanente du HP), ce n'est pas sans souffrance…

IDENTITÉ DU HP, PLACE ET TERRITOIRE

Parmi toutes les différences du HP la plus importante est, sans aucun doute, son identité.

HP est une identité et non une case.

S'identifier, nous permet de ne pas être dans la confusion des rôles et par conséquent, la certitude de trouver sa place, d'échanger avec les autres sans entrer dans des conflits. Préserver son territoire est psychologique, puis physique, je m'en explique :

Freud défini l'identité, ce qui engage le rôle.
La différence entre « identité » et « rôle » en est la mise en place.

Par exemple une femme est femme mais par sa morphologie est mère.
Un homme devient père à la naissance de son enfant.

Si une femme parle à un homme comme une mère le ferait, l'homme instantanément se positionne en enfant ce qui crée la confusion des rôles dans leurs échanges et surtout les mènent à la rupture.

De même si un homme parle à une femme comme un père le ferait, il met la femme dans un rôle d'enfant, ici encore, cela mène à une rupture.

Mais dans la complexité du HP, c'est sa multi-identité qui engendre et crée toutes les confusions.

Ce qu'il ignore…

Et ici nous entrons vraiment dans la définition du HP, ceci devrait grandement vous éclairer.

Je m'en explique :

Prenons les grandes lignes classiques de l'identité selon nos grands maîtres :

Une femme est dans ses 3 rôles :

La femme, la mère et l'amante

L'homme est homme et devient père à la naissance de son enfant.

Très insuffisant pour notre HP, qui lui est multi-identitaire puisque multi-penseur :

Le HP est protecteur, qui est le symbole du père, pour ces motifs il ne supporte pas l'autorité sous toutes ses formes.

Le HP est généreux, qui est le symbole de la mère, faire don de soi sans attendre de retour, pour ses motifs, on abuse de lui.

Et enfin le HP est un enfant qui ne grandira jamais, pour ces motifs on le prend pour un simplet et il reste dans l'insouciance.

Je continue :

Pour être symbiotique, le HP recherchera toute sa vie durant, cette moitié de lui qui, dans un premier temps fut sa mère et qui reste le premier objet de son désir.

Pour ces motifs et puisqu'il ne passe pas par ce fameux complexe d'Œdipe, il ne sera jamais séparé de la « symbiose-mère », réelle ou symbolique.

Nous pouvons dire que le HP sera constamment à la recherche de l'objet de son désir.

C'est-à-dire en constante recherche de ce qui pourrait le mettre dans une forme de passion et de désir afin qu'il se sente exister à part entière.

Ceci est son fonctionnement.

À savoir que le premier « objet de notre désir » est notre mère.

Ce manque de coupure entre la mère et l'enfant, normalement effectuée par le père, dans la période du complexe d'Œdipe, n'a pas lieu chez l'enfant SD…

La non-coupure laissera bon nombre de professionnels, dans une totale confusion entre le fonctionnement symbiotique du HP et une névrose de castration qui ne saurait s'appliquer au HP.

La névrose de castration, signifiant : « Couper de l'objet de son désir »

LES DIFFÉRENCES ET LES CARACTÉRISTIQUES DU HP

LE JUMEAU PERDU :

Le HP souffre aussi de son jumeau perdu…

Fantasme ou réalité à vous de voir…

Chacun devra faire ses propres recherches ou bien vivre ses propres ressentis pour trouver une réponse.

Il y a pourtant bien une recherche constante de l'Autre ou de l'autre…

Lacan parle du grand « Autre » comme de nos parents et du petit « autre » … Les autres.

Le HP fuit autant qu'il recherche cet autre ou cet Autre…

LE MONDE DE LA MÈRE ET LES 5 SENS

Et pour ne pas avoir quitté le monde de la mère…
Il devra nourrir en permanence ses 5 sens qui sont :

Le regard,
Le toucher,
Le goût,
Le sentir,
L'écoute,

Et s'entourer des 5 éléments :
Terre, bois, feu, eau, air.
Qui lui sont indispensables puisqu'il les relie directement aux cinq sens.

Voyons ensemble ce que j'ai exprimé par ces différentes dénominations : HPI, HPI/ HPE, HPE…

• LE HPI

Le HPI est sous contrôle absolu.
Le HPI cadenasse ses émotions…

Mais pourquoi tant de mal à retenir, à compresser son cœur…

Une maman qui n'a pas le temps ?

Un père carriériste, organisé, rationnel et ponctuel ?

Des parents exigeants et aucune place pour un échange affectif… ?

Peu importe le contexte mais il est sûr qu'on lui demande un comportement de perfection, sans débordement émotionnel, sans épanchement affectif.

Parfois simplement par honte, par pudeur ou par absence…

Ainsi, le HPI bloquera toute empathie, qui, dans le retranchement de ses émotions l'empêchera de s'octroyer la moindre émotion.

Mais dans son besoin de se faire plaisir qui n'est autre que de faire plaisir à l'autre, enfant, il appliquera à la lettre votre désir d'excellence.

Une autre façon d'être proche de vous, sa mère, sans faire offense à votre volonté.

Il apprendra à « être ce que l'autre désir qu'il soit » afin de se mettre en équilibre, avec lui-même.

Plus tard cela devient un fonctionnement naturel qui lui permet d'obtenir de l'autre ce qu'il en attend :

« Je suis ce que l'autre attend de moi, pour mieux le diriger vers mes désirs ».

Cet art de faire lui vaudra d'être constamment dans l'excellence, le contrôle et l'exigence de lui-même.

Où réfléchir prend le dessus sur l'être.

Malheureusement il en paiera le prix puisque ses émotions imploseront dans son cœur plus tard… Beaucoup plus tard.

Pour l'instant son choix de contrôle est irréprochable et insoupçonnable de perfection…

• LE HPI/HPE

Le HPI/HPE… s'adapte

Il est l'enfant surdoué probablement le mieux dans sa peau, probablement le mieux dans son environnement, probablement celui qui se vivra le mieux dans toutes circonstances puisqu'il peut passer aisément du mode mental au mode émotionnel.

Selon la situation, il saura basculer en mode mental I, ou mode émotionnel E.

Il a cet équilibre entre son intelligence froide et son intelligence intuitive.

Je ne dis pas que le HPI/HPE est heureux de vivre dans ce monde mais dans sa possibilité de naviguer entre un mode mental et un mode émotionnel. **Il est de tous les surdoués celui qui se vivra le moins mal.**

• **LE HPE**

Le HPE navigue sans aucune protection.

Il pleure dans son cœur, s'évade sur ses feuilles, sur ses cahiers, souvent le dernier ou l'avant-dernier, c'est celui qui fait l'école buissonnière si l'occasion lui est donnée, c'est le cancre, l'idiot de la classe ; c'est hélas celui qui apprend à souffrir en silence, résigné.

Mais il est aussi l'auteur qui inscrit l'histoire du HP dans la confusion, puisque le monde s'accroche encore à croire et vouloir penser que le surdoué est brillant et premier de sa classe.

Triste confusion qui évince le HPE qui ne remplit pas les cases du surdoué…

Il est celui qui fonctionne en permanence en mode émotionnel, incapable de rationaliser, incapable d'utiliser son intelligence froide puisqu'envahi par ses émotions.

N'ayant aucun contrôle entre cœur et mental dans son fonctionnement émotionnel, il est le surdoué qui n'aura d'autre voie que de s'enfuir vers un imaginaire où il pourra se réfugier en attendant que la tempête s'arrête et cesse de vider son cœur du ruissellement de ses larmes…

Il est de tous les surdoués celui qui ne sait absolument pas se protéger.

LA VIE SOCIALE DU HP

PROFESSION

L'ENTREPRISE

Tandis que HPI se fera une gloire magistrale de son parcours universitaire et en deux coups, trois mouvements, remplira admirablement bien ses CV, **le HPE**, victime de ses propres émotions, après avoir été, ce qui ne cesse pas d'ailleurs, le mendiant de l'amour, sera capable d'accéder à ses passions. Souvent, sans aucun diplôme universitaire, il sera obligé soit de mentir sur son parcours, soit encore une fois obligé d'être la victime mais cette fois, victime du « sans diplôme »…

Pendant ce temps le HPI/HPE se fait, comme à son habitude, un passage entre diplôme et expérience. Il rassure, il a l'art de convaincre, il vous met en confiance et vous lui accordez le poste qu'il désire.

Le désire-t-il vraiment ? … à suivre.

Le HPI, toujours compétitif, se lance des défis ne sachant être opérationnel que dans la niaque…

Cette énergie dont il déborde et qui fait de lui l'heureux désiré de l'entreprise.

Physiquement ?

Oui, parlons du physique du HPI :

Plutôt grand et élancé, sec et rigide, il sourit rarement, ce qui lui vaut un visage très lisse, bien que plein d'humour. Ce sont les fous des salles de sport, des chemins du jogging et des deux roues.

Une belle élégance et une prestance dues à une assurance en apparence…

Ils savent, par cette allure d'élégance, mettre tous les chefs d'entreprise en haleine ; rassurez-vous ce n'est qu'éphémère…

Le HPE est presque suppliant que vous lui accordiez sa confiance ; passionné d'obtenir ce poste, il argumente jusqu'à la dernière goutte, comme dans le désert où seule sa soif passionnelle saura lui accorder un oui bien mérité sous la chaleur de ses efforts.

Mais surtout, comprendre qu'un HP avec un diplôme de cuisine peut-être un excellent guitariste comme un HP, avec niveau BEPC, peut reconstituer les jardins de Le nôtre…

Le HPI, avocat, médecin ou simple dessinateur ou même rien, se retrouve à la tête d'une holding juste pour le plaisir du jeu de la conquête et du défi.

Mais ne perdons pas de vue que même dans le milieu du travail de l'entreprise, le HP est aussi un enfant.

Et tout bon HP après avoir exploré... s'ennuie.

Mais revenons à l'entreprise qui hélas, saura démolir l'ambition du HP, à moins que celui-ci sentant le vent, sache se retirer avant les mois sombres des récoltes.

Le HP se donne à fond et avec passion dans ce qu'il entreprend.

Au cas où le HP resterait dans l'entreprise, qu'il soit en mode contrôle émotionnel ou en exergue de ses émotions, il trouve souvent sur sa route un chef jaloux, ou encore un pervers prêt à le démolir puisqu'il peut être perçu comme un concurrent déloyal.

Mais lorsque le HP a fait le tour de ses ambitions, il saura tirer sa révérence pour s'en aller vers d'autres aventures.

Parfois, il est congédié sans motif apparent juste parce qu'il dérange, agace. Ce qu'il ignore et qui trop souvent le pousse soit vers la sortie soit vers la déprime.

Le HPE lui, a été congédié depuis longtemps...

Ses airs prétentieux agacent, dérangent, exaspèrent ; on ne lui en demande pas tant alors le virer c'est plus simple.

Le HPI ira d'entreprise en entreprise, de félicitations en félicitations, et surtout d'épuisement en épuisement dû aux répétitions qu'il ne supporte plus.

Mais il a construit sa famille et créé ses besoins financiers, alors parfois il se retrouve prisonnier de ses propres besoins de sécurité, qu'il nomme lui-même le parachute, qui en cas de chute, semble-t-il inévitable, constituera un matelas d'amortissement.

Le HPE a déjà changé 10 fois d'emplois. Heureux en entrant et mal-heureux en sortant, il commence et recommence à chaque instant...

Chaque surdoué finit par créer sa propre entreprise et devient maitre à bord.

Le HP est un excellent manager et lorsqu'il sait s'entourer, il devient redoutable.

Le HPI bâtisseur sera avide d'excellence et de cette recherche de perfection...

Ils sont les bâtisseurs du nouveau monde, nos mathématiciens.

Le HPI/HPE concepteur court à droite et à gauche ou il réunit et amasse les projets.

Ils sont aussi nos scientifiques et nos chercheurs.

Le HPE créateur élabore inlassablement ses créations avec passion…

Mais curieusement les uns comme les autres vous diront :

« Je ne voudrais pas quitter ce monde sans laisser de traces. »

LE HP ET L'ARGENT

Le HPI dans le contrôle de ses émotions est le prince des grandes écoles, il n'aura aucune difficulté à obtenir les gains qu'il mérite…

Bâtisseur, il sera recherché par les entreprises et hautement considéré par celles-ci qui lui octroieront avantages et privilèges.

Le Concepteur (I/E), écarte souvent l'argent de ses pensées puisqu'il sait qu'il trouvera ce dont il a besoin pour l'aboutissement de ses rêves.

Le HPE, petit prince perdu dans son univers, aura beaucoup de mal à subvenir à ses besoins. Entre sa créativité et son impossible adaptation, entre pleurs et chagrin qui sont le lien indestructible de l'attachement à la mère, il se relève de son état de victimisation et trouve enfin, mais tardivement, l'équilibre de ses besoins.

J'avouerais, sans honte, que le surdoué aura besoin de beaucoup d'argent, ce qui lui permettra le luxe de s'offrir ses territoires privés, son avion, ses terres, son île, son bateau…

Puisque le monde lui fait si peur… Mais…

Se l'avouer, pour certains, serait comme vendre son âme au diable, ou encore vendre son cœur… pour une poignée de dollars…

Et ça… le surdoué ne sait pas faire…

LE MASQUE ET LA SUR-ADAPTATION… NOTRE FANTÔME

Comment le surdoué pourrait-il se donner le droit d'être lui-même ?

Quand timide mais intelligent vous le voyez arrogant.

Quand dans sa niaque, il a besoin de bouger vous le voyez TDA (trouble de l'attention).

Quand dans son cœur, il a besoin d'aimer vous le voyez dépendant affectif.

Quand il a besoin de créer, vous le jugez instable.

Quand il reste en lien, à vouloir briser ses chaînes, vous le décrivez comme violent et déchaîné.

Quand il aimerait se poser pour rêver et se replier sur ses ailes pour un temps, vous l'accusez d'être fainéant.

Quand vous lui imposez un système et des codes qu'il ne comprend pas, il fuit et vous le voyez absent.

Quand il va à l'essentiel par des chemins différents, vous le voyez brillant mais dérangeant.

Quand sa logique différente, ne rencontre pas la vôtre et vous met hors d'état…

Alors c'est ici que certains HP modifient leur comportement dans le refoulement et dans le contrôle de leurs émotions, mettant en place des masques, des filtres et des faux-semblants qui leur permettront de vous capter, de vous comprendre et de faire ce que vous attendez de lui…

Afin de mieux vous contrôler…

Le HP est visionnaire, mentaliste et avant-gardiste. La création de ses désirs le mène inéluctablement vers la réussite… De son cœur.

LES LIMITES ET LES DANGERS DU HP

COMMUNICATION : HPI, HPI/HPE, HPE

HPI, HPI/HPE, HPE sont symboliquement les 3 modes de fonctionnement des HP, voyons maintenant comment ils communiquent…

Le surdoué fonctionne selon ce subtil mélange entre son identité multiple et sa pensée en arborescence.

Ses échanges avec l'autre se déroulent aussi, dans un mécanisme qui lui est propre :

Il pose un acte, ou une parole.

Un temps se passe et apparaît instantanément… **Le doute**.

Puis se déclenche… **La culpabilité**.

Suit immédiatement … **L'empathie**.

La sensibilité s'en trouve touchée.

Et ce fonctionnement, ce mécanisme chez le HP est inévitable, excepté pour les personnes dans le contrôle qui évitent toute confrontation émotionnelle.

Le HPI, refusant ce fonctionnement et toute intrusion émotionnelle, passe directement en mode contrôle, rien à signaler les masques sont posés et les filtres installés.

Le HPI/HPE sera celui qui sous son charme, vous emmène vers la croisée de ses désirs…

Tandis que le HPE et sa sensibilité émotionnelle, cultive l'art de la culpabilité sans aucune limite.

Autre moyen de communication :

Et le HP possède un autre moyen de communiquer, ce qu'il ignore trop souvent et qui pourtant lui permet un contact immédiat avec un autre HP. Cet art du 6ème sens mais aussi une connexion comme une ligne directe avec cet autre HP.

Deux HP n'ont parfois même pas besoin de parler pour se comprendre et s'entendre.
Ceci s'explique par son côté visionnaire et mentaliste.

Il aime communiquer de façon directe, sans détour, **droit au but et vers l'essentiel**, ce qui choque souvent son entourage de NP…

Il est aussi un grand enfant qui ne grandira jamais.

Triste chapitre où la partie petit enfant chez le HPI est compressée, enfermée, mais qui saura reprendre la parole quand le grand montrera son épuisement mais c'est un autre temps…

Alors entre HP, ***par-delà l'excellence***, nous parlons autant au petit qu'au grand, ce qui explique que deux HP peuvent jouer et refaire le monde au même instant…

Le surdoué possède donc une communication 4 fois plus précise…

Le grand parle au grand, le petit parle au petit, le petit de l'un s'adresse au grand de l'autre et vice et versa…

À y réfléchir, surtout quand le HPI bloque ce jeu de l'enfant alors que le HPE lui donne constamment la parole je me demande souvent… :

Sommes-nous fous ?

Mais, si les HP peuvent communiquer directement entre eux, s'aventurer de la même façon **vers les Normaux-Pensants, ceci entraîne alors déboires et désespoirs**.

Pour toutes ces différences, le surdoué devra le plus souvent possible faire des ancrages, des lignes de protection et remonter ses taux vibratoires au-delà de la moyenne afin de se sentir : ici et maintenant…

Sa nourriture doit être saine…

Sans oublier les influences lunaires et solaires…

Mais combien je me suis passionnée de nous écouter et de nous entendre.

Aussi, l'échange entre HP évite le superflu, qui trop souvent l'encombre mais peut le laisser paraître agressif, stressé ou encore arrogant face aux NP qui eux communiquent en mode explicatif alors que le HP est en mode circonscrit.

Voilà symboliquement ce qui constitue l'identité et la particularité du HP que nous ne pouvons plus ignorer, sans nous porter atteinte et préjudice.

Mais quel surdoué se connaît pour se respecter, se faire respecter, s'imposer et s'affirmer…

Sachez que dans le cas contraire, il exprimera la confusion de « se sentir perdu » qui confirme une perte d'identité.

LES LIMITES DU HP

LE DOUTE

Et comme un moulin amasse l'eau qui pousse sa roue pour l'élever et la rejeter, le surdoué remplira son seau et le déversera.

Mais peu à peu, la peur devient plus oppressante…

Le doute s'infiltre et demeure…

Si vous lisez Anaïs Nin, vous ressentez tout au long des pages, que l'écriture n'avait aucun autre sens que de se promener sous sa plume... Notre surdoué est comme cela, les questions ont-elles vraiment besoin de réponses ou bien n'ont-elles de sens que celui de se sentir, sur des pages blanches, libre d'exister.

Ce doute qui empêche l'affirmation du moi profond.

La peur est là, le faisant trembler d'effroi...

L'amour sera-t-il là pour apaiser le doute qui de toute façon ne saurait vivre sans nous.

LA COLÈRE

Ce qui est trompeur chez une personne surdouée c'est sa colère...

On ne devrait jamais oublier la colère du surdoué...

C'est elle qui vient tronquer tout diagnostic...

Le surdoué est timide... mais en colère...

Le surdoué est solitaire ... mais en colère...

Le surdoué est un vrai gentil..., mais en colère...

En colère d'un système qui ne lui donne aucune légitimité...

La colère fait du bruit, ce qui explique que le surdoué n'est pas reconnaissable, détectable ou repérable et qui, trop souvent engage une erreur de diagnostic...

LES ÉMOTIONS
LES VIVRE OU LES CONTRÔLER

Combien le surdoué aimerait ne plus entendre le cri de ses émotions, quand celles-ci viennent le paralyser.

Ces émotions qui comme la larve d'un volcan ne sait se retenir et brûle violemment le creux de nos pensées…

Ces émotions qui dirigent notre vie lorsque notre cœur commence à battre pour cet homme, (femme) et que l'émotion vient tout faire chavirer comme un raz de marée.

Alors ils sont là… les absorbeurs d'émotions, les vampires des cœurs incontrôlables.

Ils vous ramènent vers le rationnel, le raisonnable, apaisant vos émotions dans la plus parfaite des illusions…

Le pervers, comme un diable déguisé en ange à vos côtés et qui ne tiendra pas le voile de la mariée mais la traine du temps qui passe…

MENSONGES ET PERVERSION

LES PERVERS

Comprendre le fonctionnement et les mécanismes du surdoué nous fera aussi comprendre pourquoi nous avons, à un moment de notre vie, tellement besoin de ces personnes absorbeuses d'émotions.

Lorsque le HP refuse d'accéder à ses émotions par peur de se laisser envahir et de perdre le contrôle, aller à la rencontre d'une personne qui saurait se nourrir de ses émotions ne le laisserait il pas croire qu'il peut encore garder le contrôle absolu ?

Douce illusion qui le conduit parfois vers « le voyage de l'enfer ».

Pourtant certains parleront de leur mentor…

La question reste posée : mentor ou pervers, **où en est la limite…**

Commençons par expliquer brièvement les fonctionnements du pervers :

Je parlerai de lui et d'elle pour faire plus simple, l'inverse est : elle et lui…

- **Pervers**
- **Pervers Manipulateur**
- **Pervers Narcissique**

• LE PERVERS

Il travestit la réalité.

Il part d'une réalité, la transforme et vous la redonne.

Si vous dites par exemple :

« J'ai envie d'aller au cinéma… »

Il vous répond :

- Tu veux voir un film…

Vous rétorquez :

« Non, je veux aller au cinéma… »

Et vous vous engagez vers une montagne d'explications tandis que lui reste stoïque jusqu'à ce qu'il atteigne son but final…

Vous rendre folle !

Il se nourrit ainsi de votre folie, ce qui laisse à croire qu'il est en bonne santé mentale. Vous êtes « La Folle » et il le prouvera au monde entier selon ce même principe qu'il répète à son gré.

• LE PERVERS MANIPULATEUR

Est un menteur qui fabule…

Il invente afin de se créer une personnalité, une identité qu'il n'a pas puisque la sienne est totalement défaillante.

Il mettra le surdoué dans un état de colère puisque celui-ci ne supporte pas le mensonge.

Le surdoué perdra son temps, son énergie à tenter de démontrer au PM qu'il est de mauvaise foi et il finira par se perdre, ne sachant plus à quel saint se vouer.

Lassé, le HP cède et adhère au mensonge du PM, il n'arrive plus à discerner entre « vérité et vérité voilée » …

Le PM a installé la confusion et reste ainsi maître du « Jeu » … Je décide…

Lacan disait pour définir les Pervers :

« Je jouis de la souffrance de l'autre pour annuler ma propre souffrance ».

• LE PERVERS NARCISSIQUE

A besoin de détruire sa proie…

Le PN est dans *un mécanisme de psychose* :

Mère inaccessible, qu'il a sublimée afin d'en justifier cette inaccessibilité.

Il vous aimera puis vous détruira afin de garder l'image de sa « sainte mère » mentalement indestructible.

Il va et vient dans cette psychose.

Ce sont, aussi, les hommes des femmes battues :

« Je t'aime et je te chéris comme une femme, je te berce de tendresse, confondant *la femme et la mère…*

Puis le fantasme diabolique réapparaît.

… Je détruis la femme pour garder l'image fantasmée intacte de ma mère.

La femme PN reprend le même principe confondant son homme et l'image du père, diabolisée dans les paroles de sa mère. Tout comme

l'homme PN, la situation se calme puis recommence.

Le pervers narcissique préfère détruire sa proie que de la voir lui échapper.

LES POINTS DE FONCTIONNEMENTS COMMUNS AUX PERVERS

Méthode :

Il isole sa proie des siens et de ses amis en vous prouvant qu'ils ne sont pas de bon conseil ou de sentiments sincères. Le Pervers saura trouver les éléments pour vous en convaincre.

Vous finissez par être seule et encerclée par votre prédateur.

Ainsi il peut vous déstabiliser en vous racontant une chose et le lendemain son contraire.

Conséquences :

Vous ne savez plus qui vous êtes, vous vous sentez perdue, aucun signe pour vous re-trouver.

Vous n'avez plus d'identité.

Son objectif : devenir seul maître à bord.

Isolée, il est devenu votre seul repère.

À présent vous êtes une personne seule, prise dans les filets de ses mensonges, de sa psychose.

Il a fait de vos amis, vos ennemis, en vous prouvant que vous deviez vous en séparer. Ainsi vous êtes devenue, à leurs yeux : « une personne méchante ».

Vous êtes seule au monde…

Maintenant en vous dépossédant de tout votre argent et de tous vos biens matériels, il peut vous posséder pour que vous n'ayez plus les moyens de vous enfuir.

Mais pire encore, *encerclée*, sans repère, ni identité, *sans allié, isolée*, il est devenu votre seul ami, votre seule famille.

Dans ce désert, subtilement mis en place, la dernière étape vient d'être franchie :

Vous souffrez maintenant du syndrome de Stockholm :

Il sait tout de vous. Il a réponse à tout puisque vous lui avez confié toutes les clefs.

Vous êtes *sa prisonnière* et cela va durer des années, *de folie* où vous ne pouvez même pas crier au secours à ceux que vous avez rejetés.

Vous êtes seule et il va falloir sortir de ce piège.

Mais pour sortir de ce piège encore faudrait-il comprendre quelle est la problématique du pervers, du pervers narcissique, et du pervers manipulateur.

Ils ont tous un point commun, une sorte de rupture dans leur parcours de la symbiose mère/enfant, ce qui expliquerait leur besoin d'encerclement que nous pouvons voir comme une façon de reconstitution de « la bulle à deux qui ressemble étrangement à ce monde de la mère… »

Et voilà comment le HP, dans son fonctionnement symbiotique, **est bluffé par le Pervers**, dans cette reconstitution du regard faussement bienveillant qui ressemble étrangement à celui de notre mère sur notre berceau…

Le pervers est en recherche du père nous dirons « père-vers » dixit Lacan.

Le pervers manipulateur est en manque d'identité et construit une identité de l'autre pour lui-même.

Le pervers narcissique est dans un principe de *« sublimation de la mère »* et détruira toute personne qui viendrait à prendre sa place, fut-elle sa propre femme… Destruction et anéantissement total de la femme dans un mécanisme fantasmatique inconscient mais d'une extrême violence dans sa mise en place diabolique.

COMMENT S'EN SORTIR :

- Ne **plus se confier** à lui…

Oui c'est dur, il ne vous reste plus que lui.

- Ne pas avoir **peur** de lui.

- Essayer le plus possible de trouver des témoins, face aux *témoins* les Pervers ne bronchent pas et cela vous protège.

- Pensez au matériel, **argent**, téléphone, voiture.

Pour préparer votre **départ** qui va être très compliqué sans un allié, sans un ami.

Allez-y doucement

Cela s'appelle **sortir de la chose** car oui, il vous a chosifiée...

Souvenez-vous : il ne vous appelait jamais par votre prénom tout comme une chose, ça ne se nomme pas.

Ensuite *vous* **vous enfuyez sans le dire à personne**.

Puisque vous n'avez que des ennemis et vous allez vite vous en rendre compte quand vous frapperez à une porte...

Tout est bien bouclé : **C'est vous la méchante**.

Comment vous mettre au chaud car maintenant il va falloir vous reconstruire et surtout apprendre à vivre sans lui, ce qui va vous sembler impossible.

Vous verrez votre meilleur ami vous dire que vous êtes folle de l'avoir quitté ou encore vous dire : Comment vas-tu faire pour vivre sans lui ?

Tu ne vas pas t'en sortir… **Tu ne sais rien faire sans lui…**

Que des monstruosités qui ne sont que la mise en place de sa stratégie et qui vont agir sur vous encore durant longtemps…

Et la honte vient vous bercer sa douce chanson, ce qui complique le principe de guérison…

Lorsqu'enfin, sorti de cette chosification, vous retrouvez le goût de la liberté que l'on vous avait volée, sans doute bien-pensant de croire qu'il aurait pu être ce jumeau perdu… recherche inlassable du HP…

Bien sûr cela peut durer des années, des années de doute et d'incertitude.

Le jugement de l'autre dont le HP ne peut se défaire.

Et puis ces questions qui restent dans l'ombre, sournoises et dont l'obscurité subsistera accrochée à votre âme qui ose à peine murmurer…

Ma famille ne m'a pas cru… Ni mes amis…
Car oui, ils ont été des complices passifs :

Une façon de se débarrasser du HP, même si on vous aime et que plus tard bien plus tard vous réussirez à voir clair et repositionner chacun à sa place afin de ne plus être le centre de la confusion.

Le HP reprend le pouvoir dont il n'avait que faire mais qui lui permet de revoir ses positions.

LE POUVOIR, ÉNERGIE ET CONNEXION

Je parle du pouvoir de faire et non du pouvoir absolu.

Le HP devrait comprendre qu'il a un réel pouvoir : ce qu'il ressent, mais qu'il n'accepte pas.

Alors que signifie le pouvoir du HP.

La puissance du HP est ce subtil mélange entre l'intelligence froide et l'intelligence intuitive, sa rapidité mentale, sa vision globale, qui lui permet une analyse instantanée, élaguant l'inutile. S'ajoute à cela sa recherche de l'essentiel, son côté avant-gardiste et visionnaire… On comprend mieux ce pouvoir, cette puissance.

Et retournons vers la psychanalyse…

Dans une famille, un des membres reçoit ce que Freud appelle « le phallus » représentation symbolique de la puissance du père.

Curieusement j'ai remarqué que si le HP est souvent le vilain petit canard, il est tout de même celui qui reçoit ce fameux « **phallus** » appeler plus communément ***le flambeau*** entendez **puissance du père**.

Plus précisément il est le membre de la famille que l'on écoute en cas de coups durs…

Mais sa culpabilité et son empathie le détourne de ce pouvoir.

Toujours fidèle à son sens de l'équité et à sa volonté d'être sur les bancs de ceux, qui pourtant l'accusent…

Et cela va engager, ce dont le HP souffre le plus :

LA JALOUSIE

Tandis que certains tenteront de vous déposséder pour mieux vous posséder, Lacan explique :

« Je convoite ce que l'autre possède mais qu'il ne possède pas »,

Entendez par là cette fameuse symbolique de la puissance du père.

Et le médiocre n'hésite pas à écraser celui qui ne prend pas son pouvoir…

Après déboires et désespoirs fort de constat, à contrecœur notre prince se retrouve tardivement dans l'obligation d'utiliser sa puissance, seule condition pour lui de survivre dans un monde qui ne lui veut pas que du bien…

Alors…

Se laisser guider… Pour oser…

Se porter vers le privilège de cette puissance, cette énergie insolite que les autres ne connaissent pas…

Passer **le portail énergétique** de cette puissance qui fait si peur aux HP au point de créer phobies, symptômes et maladies immunes pour avoir tenté maintes et maintes fois de maîtriser et qui se retourne violemment contre vous…

Le surdoué osera-t-il ouvrir le portail de cette chape de béton qui n'est en réalité que la guimauve de son enfance ?

Et il se souvient de lui, petit et léger, sur un nuage comme si la puissance était une lourdeur… alors qu'en réalité… elle est son envol…

ENTRE ABANDON, PARANOÏDE, ET CASTRATION

Mais qui pourrait comprendre que le point du HP le plus en exergue c'est l'abandon, la castration et ***il en devient parano…*** **comme une racine ancrée en lui.**

Et revenons vers le berceau du HP :

Son immense sensibilité dès sa naissance, la symbiose mère/enfant, la non-coupure par le père entre la mère et l'enfant, laisseront définitivement le HP dans un **syndrome d'abandon** et d'un **sentiment de castration** qui signifie **couper de son désir**, la mère étant le premier objet de désir dont le surdoué ne sera jamais séparé.

Ignorant de cet état permanent qui se retranscrit au quotidien, le HP a parfois bien du mal à trouver un éclaircissement qui lui permettrait de prendre conscience de cette sensation qui trop souvent le mène vers la fuite et la confusion.

Il tentera de s'en échapper, recherchant des explications envers les autres, qui ne peuvent pas comprendre et de ce fait ne pourront pas l'apaiser, ce qui le conduira, à son insu, vers une légère paranoïa. Oui, le HP est parano.

Il parle plus souvent d'étrangeté que d'abandon.

Ancrage, méditation et respiration compensent largement ce sentiment profond d'abandon et de castration avec lequel il devra apprendre à vivre.

Pour ces motifs le surdoué ne saurait vivre sans projet qui lui permet de combler ses désirs et de se sentir exister.

ÉTAT DE CHOC

Entre sidération, anesthésiant, paralysant, l'état de choc émotionnel du HP peut être vécu pour certains comme une paralysie psychologique, un état de sidération totale ou encore ce fameux **syndrome anesthésiant dû à un choc psychologique** vécu avec violence.

Les vagues émotionnelles après un choc peuvent laisser le surdoué bloqué, paralysé…

Les surdoués qui ont été abusés sous quelques formes que ce soit comprendront ce à quoi je fais référence.

C'est un peu le syndrome de la personne violée qui en état de choc, ne réagit plus.

Mais sans aller jusque-là, malheureusement le surdoué entre sa naïveté et sa façon de ne pas savoir dire non est souvent victime et certains savent bien profiter *de cet état* pour entendre un *oui*, alors que nous sommes face à un non criant de douleur…

Si j'écris cela presque à contrecœur c'est pour prévenir du danger de nos petits HP qui s'engouffrent vers des chemins dangereux juste par naïveté…

Comprendre et apprendre à dire non, permettrait peut-être d'y faire face et d'éviter comme une pierre fait des ronds dans l'eau, que les ondes ne viennent pas dans le temps commettre des répercussions.

LE SUICIDE

À noter : *Le HP n'est pas suicidaire mais il dit vouloir quitter ce monde et avoir envie de mourir…*

Juste pour exprimer que ce monde n'est pas le sien…

Puis il reviendra sur cette noire pensée chaque fois qu'il montera une marche sur son escalier adossé au monde, qui ne le comprend pas et qui ne l'accueille pas…

Cependant à ne pas négliger et être à l'écoute afin d'éviter tout accident…

Puis je préciserai :

Un enfant qui crie, hurle, exprime son besoin de vouloir rompre ses liens affectifs, qui l'enferment dans un amour impossible…

Celui de la mère et l'enfant…

Alors il se déchaîne, exprimant ainsi le besoin de briser ses chaînes…

Un enfant dans le silence s'enfonce dans son imagination, d'où parfois il ne sait pas revenir, revenir vers ce monde de réalité…

Ne pas laisser un enfant s'enfoncer dans le silence…

LE BURN-OUT

On confond souvent une dépression profonde et un burn-out…

La dépression est un état psychologique qui doit être repris et soigner par les médecins de l'âme, c'est-à-dire les psychiatres.

Le burn-out du HP est un mécanisme beaucoup plus précis qui met en scène la problématique de certains HP.

Tout d'abord il ne faut pas perdre de vue que le HPI est depuis son enfance **dans l'excellence**…

Dans l'entreprise, il a intégré les codes sociaux, mais n'étant pas intégrable, ce qu'il ignore ou refuse, il va s'interdire toute forme de ressenti émotionnel ce qui lui permet, à ses yeux, de valider sa position.

Socialement imbriqué dans un système, qui n'inclut aucune dérive émotionnelle, il se détache de tout sentiment.

Souvent sportif de haut niveau, il garde, également, la maîtrise absolue de son corps.

Nous sommes évidemment avec le HPI, bâtisseur, compétitif, roi du défi, qui se donne corps et âme à l'entreprise…

Une façon illusoire d'éviter de penser et de ruminer…

Son émotionnel est sous contrôle permanent et son objectif devient l'aspect financier qui justifie ses choix…

C'est du moins ce qu'il en croit…

Le HPI se donne bonne conscience en augmentant ses gains.

Il ira même jusqu'à écarter toute personne qui viendrait faire obstacle à ses objectifs.

Mais le HP peut-il vivre sans l'intensité de ses émotions ?

Pourra-t-il indéfiniment éviter de regarder à l'intérieur de lui, ce qu'il fuit, organisant des voyages, qui lui permettent de chercher à l'extérieur et autour du monde ce qui pourtant se trouve à l'intérieur de son monde.

Ce fonctionnement illusoire, où le HP pense faire abnégation d'une partie de lui-même pour se fondre dans « la norme », lui vaut aujourd'hui, ce fameux burn-out…

À l'éveil de votre réelle personnalité, une toute petite émotion vient à vous dire combien vous ne pourrez plus ignorer cet assemblage cœur/mental, que vous avez dissocié et qui vous fait si mal…

Après un combat sur lui-même presque mortifère, un comportement à la limite de celui du pervers narcissique, le HPI n'aura pas d'autre choix que de réviser son mécanisme de contrôle, puisque sa tour ébranlée par ses fissures émotionnelles, ne lui laisse plus de choix. Le HPI, parfois dans une immense souffrance et un temps incertain, trouve enfin son équilibre entre rationalité et créativité, entre féminin et masculin.

Parce que le HP est de composition symboliquement égale entre son féminin et son masculin, il devra accepter et comprendre *sa position androgyne.* Ce qu'il semble ignorer et qui pourtant lui offre un arc-en-ciel de possibilités, artistiques et intellectuelles. Lorsque se termine cet énorme chamboulement, il se découvre, se démasque et reconstruit tous les morceaux du puzzle de sa personnalité, il retrouve alors cette puissance paisible et peut prétendre, seulement maintenant commencer à se vivre pleinement…

Difficile de m'autoriser quand je me suis motorisé.

Ce qui nous mène sans aucun détour à ce fameux lâcher prise…

LE LÂCHER PRISE

Retournons, rapidement, à la psychanalyse pour comprendre ce fonctionnement :

Si la mère rassure, le **père sécurise** l'enfant, il est dans son rôle de père :

Il est psychologiquement **le nourricier** et son symbole est **matériel.**

Toute personne défaillante du père se sent en insécurité et tente de remédier à cette défaillance par des gains financiers et matériels qui le repositionnent en sécurité.

Dans nos mécanismes inconscients, **le matériel** est sous le symbole **Masculin.**
Tandis que toute démarche **émotionnelle** est sous le symbole **Féminin.**

Aucune personne ne saurait vivre sans cet équilibre :

Féminin/Masculin, anima/animus (Jung) qui, exceptionnellement, chez le HP est symboliquement composé de 50% de féminin et de 50% de masculin.

Et je dirai :

Plus vous fabriquez de l'action qui est symboliquement masculin, et plus vous atrophiez votre partie dite féminin…

Ainsi dans l'action et le contrôle de vos émotions vous avez écrasé votre féminin qui maintenant dans la représentation du burn-out vous fait comprendre à quel point vous avez agi à l'encontre de *vous-même.*

À noter :

L'émotion sous contrôle peut vous faire aisément confondre un HPI avec un QI et un PN.

HP : surdoué

QI : quotient Intellectuel élevé, sans ce fonctionnement du HP.

PN : Pervers Narcissique

Leurs comportements peuvent être d'apparence similaire.

Pour le HPI ce n'est que provisoire…

Et lorsque l'on parle de ce fameux lâcher prise on parle précisément de lâcher son masculin : matériel et action afin de réajuster son féminin : créativité et spiritualité, ce qui permet de remettre en équilibre le féminin et le masculin à valeur égale.

Nous touchons ici les fondamentaux de la construction du HP.

LA STRATÉGIE DU BONHEUR

De quoi le surdoué doit-il être conscient ?
Comment se vivre bien quand on est HP…
Comment fonctionner…
Comment s'accepter…

Je dirais que le surdoué a d'abord besoin de comprendre comment il fonctionne, ensuite il pourra s'accepter ensuite il pourra s'orienter vers ses réels désirs.

Puisque le système n'accepte pas de légitimer le HP, il devra faire pratiquement **seul ce chemin**, ce qui lui vaudra bien des déboires puisqu'il sera dans l'obligation de se rendre compte par lui-même de sa différence.

Le HP a ce besoin de cheminer, de se rencontrer, de s'entendre avec lui-même, de sortir de sa discordance entre estime de soi et confiance en soi.

Le surdoué, HPI, HPI/HPE, HPE peut-il s'intégrer socialement dans un système normatif ?

Aussi le surdoué doit être conscient que le cheminement de sa pensée est différent, de même que son raisonnement et sa logique… pour arriver au même résultat.

Gagner sa vie fera perdre beaucoup de temps au surdoué dans le cheminement de l'acceptation de soi, dans son intégration sociale douloureuse, jusqu'à se vivre dans le bonheur qu'il mérite.

Et pourtant, des parents nous demandent encore de normaliser leur enfant, détecté surdoué, de l'accompagner dans l'espoir de le voir un jour épanoui dans une société qui pourtant continue rejets, brimades et oppression…

Quels sont les véritablement besoins du Haut Potentiel ?

De nature, de partage, d'authenticité, de besoin de faire, d'échanger, de repenser à haute voix, de s'exclamer, de laisser vivre ses émotions, de ne pas être jugé, de manger sainement, de dormir paisiblement, de faire plaisir plus que de se faire plaisir, d'être dans la bienveillance en permanence sans le regard des autres, de ne pas voir souffrir, de ne pas faire souffrir, d'être apprivoisé, de ne pas être ou subir le mensonge, d'aller droit au but, de sourire, de regarder et de s'émerveiller, d'admirer, de caresser sans toucher, d'être enlacé sans être brusqué, d'être fidèle sans être trahi, de rester en lien pour la vie, de ne pas se sentir abandonné, de découvrir et chercher, d'explorer sans exploiter, de vivre sans profiter de l'autre, de symbiotiser, de regarder une fleur et créer tout un monde, de se réchauffer auprès d'un feu, de regarder le soleil se lever et se coucher, de se blottir dans l'eau tiède, de ne pas parler d'argent, d'être en l'air les pieds bien sur terre. Voilà ce que nous sommes, un être simple.

Mais il devra aussi composer avec cette formule...

Rencontre d'âme, flammes jumelles ou recherche de la symbiose ?

Et quand quelqu'un dit : « Je cherche ma moitié... »
Nous pourrions écrire la formule d'un couple NP : (1/2) + (1/2) = 1

La formule pour les personnes NP serait : (1) + (1) = 1

La formule pour les personnes HP se décrit ainsi : (1/2 + 1/2) + (1/2 + 1/2) = 1

Alors quelle est cette 1/2 qui viendrait s'inscrire dans cette formule, que représente-t-elle, comment et pourquoi existe-elle ? Voyons cette énigme comme la plus représentative de la différence du HP dans son fonctionnement le plus intime.

Cette 1/2 est une fonction de symbiose et non une personne…

Quand le HP parle de ce vide en lui, il parle précisément de l'absence de cette fonction qui constitue l'absence de symbiose et je reviendrai sans cesse vers **cette absence du complexe d'Œdipe qui laisse le HP dans le vide perpétuel de l'Autre…**

Cette partie qui symbolise une demie de lui est sa fonction de symbiose.

Dans le cas où cette fonction est satisfaite dans votre couple, vous êtes peut-être dans un principe de ***Flammes Jumelles***, qui engendre des situations troublantes je vous laisse le découvrir avec ceux qui en sont spécialistes…

Rencontre d'âme, ou fiançailles d'âmes…

Mais le HP peut être avec un autre HP et symbiotiser avec sa passion quelle qu'elle soit…

LE SURDOUÉ ADDICT AU BONHEUR…

S'il existe une personne pour qui le bonheur est douceur tant dans sa construction psychique que dans

sa sensibilité et dans son être tout entier c'est bien le HP...

Passionné, actif, curieux, il déploie son charme naturel pour séduire tout ce qui saura lui procurer du bonheur sous toutes ses formes, dans l'échange et le partage.

Du jardinage aux travaux de recherche, du bricolage à la science, du gribouillage à l'astronomie, tout le passionne puisqu'il ne sait faire qu'avec son cœur.

Il serait illusoire de croire que l'on puisse détourner un HP lorsqu'enfin, il tient son bonheur entre ses mains.

Alors pourquoi ne comprend-il pas ?

Qu'est-ce qu'il y a de tellement difficile pour lui ?
Qu'est-ce qu'il ne sait pas ?
Qu'est-ce qu'il ne reconnaît pas qui lui permettrait de penser simplement que le bonheur est pour lui au bout du chemin...

Et je reviendrai vers son éternel combat, cette injustice sociale qui ne lui dit pas et qui ne l'identifie pas et qui ne l'accompagne pas...
Alors il s'efforce de vouloir être comme tout le monde...
Ce qui l'éloigne de lui-même et de son bonheur...

Après l'exploration du monde, il se tourne enfin vers son monde. Il accepte ses doutes, ses incertitudes mais aussi la richesse de sa différence, de son multi-fonctionnement et la diversité de ses besoins.

Il comprend et accepte l'ampleur de sa vision du monde, de même que ses ressentis qui le conduisent vers ses désirs, bien que ses doutes persistent, il est enfin prêt à construire ce bonheur qui lui va si bien.

SES AMOURS

Le surdoué et ses amours
Ou… Une vie à l'envers…

Voyons comment les différents HP fonctionnent face à l'amour.

LE HPI

Le HPI enfermé dans sa timidité refusera de faire le deuil du système social et mettra fin à sa douleur, s'interdisant toute émotion ou débordement affectif et plus tard il deviendra le transgresseur de ses propres interdits.

Son fort QI le conduit sans cesse vers les chemins de la connaissance et de la découverte infinie…

« La connaissance est faite pour combler un vide affectif » disait Lacan

Et si l'on y repense…

Le HPI dans sa plus jeune enfance, empreint à une boulimie de lecture particulièrement dense, le laissera en proie à un intellectualisme très avancé qui ne laisse guère de place à ce qui est pourtant essentiel : l'amour, l'affection et l'émotion.

Ayant un QI plus élevé que les autres, il cadenasse bloque et rend impavide ses émotions, son hypersensibilité et sa bienveillance…

Il renforce sa bulle dont les parois deviendront indestructibles.

Il s'isole des autres, coupe tous liens dans leur globalité.

Dorénavant il ne s'octroiera aucun écart, ni dans son ressenti, ni dans ses mots, encore moins dans son comportement…

Il s'est organisé un tableau de contrôle où il est le seul à détenir les manettes de la coordination entre son cœur et son mental qu'il a été contraint de dissocier afin de ne pas en souffrir…

Mais n'en souffre-t-il pas ?...

Il ne trouve pas de recevabilité, ni dans l'échange de ses émotions, ni dans sa famille, pas plus que dans son environnement...

Le HPI vivra des années dans ce principe prisonnier de son corps et de son cœur dont seul son mental en détient les clefs...

Alors comment le HPI peut-il survivre et vivre l'amour ?

En dissociant le sexe de l'amour.
Où cette énergie mentale ne trouve de repos que dans l'addiction :

Addiction au sexe, au sport, à l'alcool ou à la drogue...
Vous êtes de tous les HP le mieux masqué, le plus planqué, le super protégé, et pourtant quelle femme pourrait vous approcher si ce ne sont ces femmes NP ou PN démunies d'émotion, plus à la recherche d'un mari que d'un amant. Ce qui vous convient parfaitement puisque la moindre émotion chuchotée à votre oreille horripile vos tympans au point de fuir tout instant qui montrerait le moindre souffle aimant.

Attaché sur votre navire, les belles sirènes peuvent chanter, vous seul contrôlez ce corps enchaîné.

Ne souriez pas, vous, mesdemoiselles HPI votre comportement est le même.

Seule l'horloge biologique et l'heure de l'enfantement libérera le chant des sirènes…

Vous savez faire l'amour tout un week-end et décliner la rupture le lundi matin pour reprendre avec une autre amante (amant) ou la (le) même, le week-end suivant.

Ô combien vous êtes innocent de croire que ce mécanisme de contrôle permanent n'a pas de temps…

LE HPI/HPE

Le HPI/HPE est dans le monde, bien intégré dans l'apparence d'un prince aimé qui pourtant ira se nécroser jusqu'au moindre souffle pour être aimé.

Dans le bon échange affectif et mental, il naviguera entre se faire plaisir et faire plaisir à l'autre.

Il est plutôt très jovial et à mi-chemin vers l'excellence qu'il s'impose et la créativité où il trouve un équilibre.

Son besoin de compréhension, comme tout bon surdoué, l'empêche de vivre l'instant présent.

Il navigue d'un port d'amour à l'autre se demandant si le précédent n'était pas le bon.

Et ainsi de suite…
Son entre-deux reste son territoire d'exploration, pour un temps incertain…

LE HPE

Le HPE au contraire tentera désespérément de couper ses liens affectifs extrêmement forts et solides sans y parvenir.

Il restera trop souvent dans la fontaine larmoyante du repentir de ne pas réussir à atteindre les sommets de sa liberté, puisque, attaché fortement aux siens, il en devient l'esclave d'amour bienveillant même si la réciprocité n'est pas ou, du moins, ne trouve pas cette même intensité.

Le HPE dans le chagrin, aura une vision très floue de l'amour. Soit, il se faufile dans les bras ouverts vers les conquêtes d'une seule nuit, prenant ainsi les apparences d'un Don Juan, d'une nympho, ou bien il s'isole pour se fondre dans les larmes de son désarroi remettant à demain un bonheur impalpable…

Alors…

Alors parler d'amour, d'affection ou d'émotion avec un surdoué c'est extrêmement compliqué, car complexe…

Toujours cette fonction de symbiose mère/enfant omniprésente dans le fonctionnement du HP dans un coin inconscient mais si présent…

Enrobé de pudeur, qui ne fut sans doute que la timidité face au baiser dont vous, parents, n'avez pas suffisamment été l'auteur, les petits princes dans la soif de leur besoin auront bien du chagrin à entrer dans leur cœur, sans en éprouver l'âme d'un guerrier pour une bataille perdue d'avance puisqu'ils n'y sont pas entraînés…

Cet amour de l'autre qui n'a pas enraciné l'arbre du pêcher et, dont les branches n'ont pas porté la pomme que le serpent lui tendait, puisqu'il n'a pas su vous serrer contre lui très fort, et vous dire qu'il vous aime, tant vous lui avez manqué dans cette absence de l'étreinte, où vous n'avez pas vu à quel point sans vous… il n'était rien.

Rien qu'un enfant intelligent, enfermé et cadenassé dans le refus de ses propres émotions.

Cet enfant brillant dans l'excellence de vos désirs qui par amour pour vous a été capable de se carapacer au point d'un jour en crever…

Simplement parce que vous ne saviez pas ou n'osiez pas le prendre et le serrer dans vos bras, tenant entre vos mains le symbole de La Vipère au poing du parent qui s'interdit d'aimer et de l'enfant HP qui pourtant restera attaché à la sublimation de votre être tout entier.

Et parce que…

Le HP reste le petit prince qui règne sur son propre royaume sans pouvoir atteindre l'autre, tant son royaume intérieur lui prend tout son temps…

Trop occupé à maintenir le masque de sa différence, il ne sera en aucun cas le maître de la situation puisqu'il tente d'être maître de lui-même en regardant vers un tout autre horizon…

Mais l'amour lui saute au cou.

Ravi, il se l'approprie, sans s'apercevoir qu'il s'est laissé choisir…

Le HP ne sait pas se projeter dans un avenir lointain, il est constamment en interrogation de son destin, ce qui est un leurre puisque je dirais, sans honte, que tout ce qu'il désire lui est offert.

Le HP est très désiré puisque précisément il n'a pas compris qu'il remplit plus le désir de l'autre que son propre désir…

Tout ceci faisant terriblement écho avec la mère et l'enfant dans le monde de la mère…

Quand l'autre vous désire vous n'y voyez que votre propre désir qui pourtant n'est pas le vôtre…

Et voilà les traces indélébiles de la symbiose :

Je suis toi et tu es moi, je suis le prolongement de ce que tu es, je vis de toi et te fais vivre en moi…

Et le HP se laissera choisir jusqu'à ce qu'il prenne conscience que le désir de l'autre n'est pas son propre désir…

Ce besoin constant de symbiose et d'être aimé, conduit le HP vers des amours irrecevables…

Il est aussi à la recherche de ce jumeau perdu…

Y a-t-il eu un jumeau dans ce ventre d'où je viens pour que nous en ressentions constamment ce besoin…

Pensez comme vous voulez…

Cette constante recherche de l'autre nous ferait bien dire que « oui ».

Est-ce que dans un mariage, nous pourrions épouser notre jumeau…

Est-ce que dans ce mariage, cet autre pourrait nous ressembler au point d'être notre semblable et de se voir dans ses yeux, dans son regard…

Ce regard de l'autre dont nous avons tant besoin, qui nous fait si peur lorsque le jugement s'y inscrit mais qui nous envole lorsque nos âmes s'unissent…

LA SÉDUCTION

Parce que la séduction n'est pas l'amour mais ce qui le précède et qui semble être une étape insurmontable pour le HP, j'en ai dissocié le chapitre…

Le temps de la séduction, l'absence de la fonction de symbiose entraîne la peur qui peut générer l'angoisse, le stress et l'inquiétude sans oublier le manque de confiance constant chez le HP.

Son désir très fort d'être aimé, dans cette rencontre où être avec l'autre est plus important que de découvrir cet autre, tant la peur est obsédante et envahissante, enveloppante et paralysante, il devient la proie de lui-même.

Et cet état qu'il croit invisible, transpire malgré l'épaisseur de ses masques.

C'est pourquoi je pense que le surdoué ne devrait plus se torturer dans cette séduction mais accepter que cette étape lui est insurmontable.

C'est juste que les masques sont engouffrés au plus profond de vous-même, au point que vous ne les percevez même plus.

Le HP serait beaucoup plus dans le confort de lui-même s'il pouvait oublier de mettre en route la locomotive de sa séduction puisque de toute façon les wagons de son cœur sont bloqués dans la gare de ses émotions…

Alors, aller à la conquête de l'autre pour un HP, c'est obtenir un oui… qui lui permettrait de relâcher le moteur de ses peurs… Le « oui » lui étant accordé, il s'engagerait ensuite vers cet art qui lui est propre et qui lui va si bien…

Séduire, comme un paon fait la roue où lui seul connaît le secret de l'étincelle qui enflamme et illumine le regard de l'être aimé dans la parade de ses émotions sur l'échelle du bonheur..

Mais le HP va compliquer sa vie lorsqu'il ne saisit pas ses propres mécanismes et emprunte les éléments sociaux pour conquérir son (ou sa) bien aimé(e)…

Entendre son cœur dans le ressentir et non dans la pensée :

« Toute réflexion barre le désir… » disait Lacan.

Mais le HP peut-il se défaire de cette machine penseuse pour s'abandonner, ou bien confond-il être abandonné et s'abandonner…

Cette non-confiance toujours rôdante et le doute, comme le diable, qui vous rappelle à son bon souvenir…

Sans oublier l'emballement de son côté féminin, refoulé, et de son côté masculin en constant cheminement vers l'action.

Ce mélange discordant, dans la confusion, conduit le HP vers une interrogation d'une éventuelle homosexualité due à sa posture identitaire.

Son androgynéité le met en interrogation constante lorsque sa difficulté face au sexe opposé l'encombre.

N'est-ce pas là, la phrase de celui, qui du haut de sa tour de contrôle, a connu la puissance de son mécanisme et ne sait plus lever ou baisser la barrière du chef de gare qui préfère laisser passer la locomotive en furie plutôt que d'envoyer le signal d'alarme que lui permettrait ce passage à niveau ?

LE FLIRT

L'âge du flirt, y a-t-il vraiment un âge ?

Retournons en arrière…

Petit surdoué tranquille et timide qui veut montrer sa force et tape du poing… sûr que ce n'est pas ça l'amour !
Alors c'est quoi l'amour pour le surdoué à l'âge du premier flirt…

Son besoin de tendresse, de douceur, de bienveillance, à l'heure où le corps de l'adolescent fait surface dans la complexité de sa morphologie, ne va pas faire bon ménage avec ses pensées de rejet de soi, de la sensation d'abandon de lui-même et de sa recherche de perfection.

Sa soif d'amour, plus en ampoules à boire de tendresse que de sexe, (quoique) et sa peur du rejet et du regard de l'autre qui l'approche dans un éventuel jugement… qui va-t-il approcher et comment…

La maîtrise de soi le plaque inexorablement vers l'échec d'un bel amour simple au cœur palpitant où l'instant même devrait être plus important que le lendemain.
Pour le surdoué il n'en n'est rien…

Sa peur du lendemain ne le fait pas vivre le moment, et son passé essaie de transgresser l'instant annulant le présent qui à nouveau laisserait des traces dans le futur au-delà de l'instant.

Mais cette machine infernale qui est tout simplement le fonctionnement banal du surdoué est un mécanisme où se mélange pensées, rationalité, sensations et émotions…

Ce que le surdoué ignore, bien-pensant encore une fois, de croire que tout le monde est comme lui, bien qu'il ressente ce quelque chose d'inexpliqué… et qui le fait souffrir.

Son mécanisme, perçu comme un dysfonctionnement le fait vivre dans les perturbations mentales de ses rouages qui tournent à l'endroit et à l'envers, faisant de lui cet être si différent dont la trompeuse apparence le laisse croire à une normalité pourtant bien accrochée sur une sensation troublante et inquiétante.

LE MARIAGE, LE COUPLE

Je parle de l'homme et de la mariée, même schéma pour la femme et le marié,

LE MARIAGE

Le surdoué ne sait pas se projeter, comment pourrait-il envisager le mariage quand il ne sait pas de quoi seront faits ses lendemains ou du moins quand il se connaît si peu au point de dire oui à la mariée dans le silence des anneaux…

Où le lendemain et même la veille il se pose encore la question de savoir s'il pourra tenir toute une vie le feu ardent de son foyer.

Alors cette doucereuse qui a su vous mener jusqu'au mariage, vous qui aviez tant fui l'émotion pour ne pas subir…

Maintenant le voile blanc de celle que vous n'avez pas choisie se fait brouillard et brume…

Derrière une larme qui s'échappe, se dessinent les prémices du regret, qui laisse croire à la mariée que l'émotion de sa beauté vous couvre d'émois…

Quelle confusion, quand le diable a négocié avec le doute, et que l'empathie ensommeillée, n'a plus la force de s'éveiller…

Demain n'est-il pas un autre jour qui apportera sa solution…

Mais les années passent et ce lendemain est bien loin…

Il arrive le jour ou d'un regard vous croisez celle qui porte votre âme jusqu'au plus profond de votre être et le voile de celle qui fut la mariée glisse laissant apparaître cette Autre dont vous direz un jour :

« C'était comme une évidence »

Douloureuse réalité ou le retour au foyer, comme dans Cendrillon, se transforme, aux douze coups de minuit en une horrible citrouille.

Tandis que dans son miroir, elle se demande encore si elle est la plus belle, naïve de ne pas croire qu'une âme, de son baiser aurait su vous éveiller…

Le petit prince n'a pas pu se vivre, il s'ennuie, se meurt dans le bain de sa culpabilité…

Peur de vous dire qu'il vous aime mais qu'il vous quitte…

Car il ne saurait vivre sans lui…

Soit il reste l'esclave de son choix, soit il s'en libère…

Mais jamais il ne réussira à négocier, entre le doute, la culpabilité et l'empathie avec lesquels il devra composer toute sa vie…

Et reparlons de cette moitié

Rencontrer sa moitié…

Certains dans la confusion parleront ainsi et pourtant nous sommes bien loin de là, cette moitié qui ne se suffira pas à elle-même.

Pour le HP, sans ce passage du complexe d'Œdipe, la recherche de sa *moitié* n'est autre que le mécanisme de son fonctionnement symbiotique dont il ne se séparera jamais…

Une autre façon de se vivre mais aussi de s'accoupler d'où la complexité pour le HP, d'exister pleinement dans le mariage du comme tout le monde.

Parce qu'il devra y trouver, si je puis le dire ainsi, **l'homme et la symbiose, la femme et la symbiose** qui, dans cette reconstitution devient ce tout, ce un, cet entier qui peut alors prétendre se vivre…

Telle est sa moitié…

Se vivre sans détour juste en amour inconditionnel, sans jugement, sans peur du regard de l'autre, sans honte et sans pudeur mais au contraire dans ce ressenti de l'Autre qui n'engendre aucun mal.

Ne plus s'expliquer mais s'exprimer, se vivre dans l'insouciance de l'enfant sans culpabiliser, mûrir sans être mature, se fondre en l'autre sans le toucher, vivre sans s'étouffer, se nourrir de l'autre et lui restituer…

Simplement être ensemble… libre d'exister…

Et petit, il rêvait pourtant de ce mariage…

Perché sur son échelle, adossé au monde, il rêve dès son plus jeune âge…

Il rêve…

Difficile de décrire ses rêves qui sont un ressenti, une sensation d'un mariage heureux, des enfants où jamais la tristesse ne s'infiltrerait en la maison et où l'espace, l'air, l'eau, le bois et le feu seraient bien gardés serein dans le creux de son cœur tels un bijou dans son écrin.

À quel moment le petit prince prend-il conscience que ce ne sera pas son destin...

A-t-il seulement compris ou bien un matin se réveille-t-il dévasté par ce qui fût et ne restera qu'un doux rêve ?

Son interrogation, sa façon de se fuir ne lui permettra pas d'atteindre ce qu'il pensait être la réalisation de ses désirs.

Sans en comprendre le sens, certains vivront le mariage comme une belle soirée remplie de cadeaux, de douceur et de fleurs où le lendemain, l'éveil laisse plus la place au vide et à l'emprisonnement qu'au bonheur...

Pour avoir signé cette appartenance à l'autre, ce beau rêve comme un doux mirage n'est pas un échec mais une erreur d'aiguillage...

Les contraintes font vivre les HP dans une grande détresse...

Par contre le surdoué ne saurait vivre sans être en couple...

Alors quelle en est la différence ?

Sa recherche de symbiose l'oblige mais pas que…

Dans un couple nous pouvons mettre **les règles que nous souhaitons**, alors que le mariage a **ses codes.**

L'idée même de cette non-liberté l'étouffe…

Si nous prenons l'exemple de deux personnes surdouées qui fonctionnent selon les mêmes principes, elles sauront respecter la partie intime de l'autre et pourront **se retrouver vers un espace créé dans la superposition de leur bulle, dans ce qui leur convient le mieux c'est-à-dire :**

Tout seul ensemble…

A contrario créer un couple avec ***un normal pensant*** celui-ci, sans intention de nuire, entre violemment dans l'espace intime, physique et psychologique du HP ce qu'il ne supporte absolument pas et qu'il vit comme un envahissement, une intrusion et une destruction de son espace où avec le temps… il finit par s'éteindre peu à peu…

Pour le comprendre il faut peut-être l'avoir vécu…

LE BON MARIAGE HPI ET HPE… MÊME SI…

Rien ne serait être parfait dans ce monde, même si le HP est un grand perfectionniste.

Le HPI, gardien de ses émotions dans le contrôle, apeure le HPE…

Le HPE dans son élan émotionnel, inquiète le HPI.

Et pourtant pour que ce mariage de l'excellence, riche d'échanges de constructions, d'apaisements puisse trouver cette pleine dimension, l'un comme l'autre devra comprendre, entendre et appliquer le fonctionnement de leur mécanisme afin que les rouages s'imbriquent dans cette perfection d'amour, de respect, de joie, de rire et de bonheur.

Alors qu'y a-t-il à comprendre ?

Le HPI reste dans le contrôle, c'est son fonctionnement…

Le HPE se baigne dans l'expression émotionnelle, c'est son fonctionnement…

Comment voulez-vous qu'un HPI vous fasse une déclaration d'amour dans un discours émotionnel, si ce n'est pas son mécanisme de fonctionnement, quand l'idée même l'effraie au plus haut point ?

Comment demander à un HPE de refréner ses émotions puisqu'il ne sait pas fonctionner autrement quand l'idée même le met dans un total désarroi…

L'un comme l'autre devront s'éclairer…

Le HPI ne comprend pas et vit l'ampleur des émotions du HPE comme un harcèlement, fort de penser et de dire qu'une relation doit être fluide et harmonieuse.

Le HPE devrait entendre que toute émotion murmurée à l'oreille du HPI lui crève les tympans. Non je n'exagère pas.

Et il ne vous murmurera pas un je t'aime puisque tout discours du cœur le terrorise.

Pour comprendre le HPI, il suffit de retourner rapidement à sa première émotion qui lui a été refusée et qui l'a contraint de s'en interdire…

Pour comprendre le HPE ne faudrait-il pas en entendre l'enfant en lui qui s'apeure d'un monde où l'extrême sensibilité ne trouve pas la dimension d'une possible rationalité…

L'un comme l'autre devront apprendre à s'apprivoiser.

Ainsi…

Le HPI relâchera le contrôle et déploiera une bonne réception des émanations émotionnelles du HPE, qui lui, ne changera presque rien à ses habitudes mais cessera de se lamenter d'émotions incontrôlables…

Pour illustrer mes propos je dirais :

Le HPI vous prouvera mille fois qu'il vous aime mais ne le prononcera pas une seule fois.

Le HPE vous dira mille fois qu'il vous aime mais ne l'entendra pas une seule fois.

Ainsi va l'amour entre ces drôles de zèbres, qui, jamais ne sauraient être domptés ou domestiqués dans une jungle qui n'est pas la leur.

POUR CONCLURE…

… je dirais simplement :

Nous avons été des Grands avant l'heure dans un monde hostile, nous nous sommes créés des carapaces, des masques, des faux-semblants, brûlé nos cœurs dans les jeux interdits…

Pendant ce temps, eux… les autres, apprenaient pas à pas à toucher du bout des doigts cette sensualité de la découverte amoureuse…

Nous recherchions inlassablement les nuances de l'âme et de l'être, ce fil qui nous lie à l'univers dans la perfection de nos besoins.

Tandis qu'il respirait la peau douce de sa bien-aimée…

Nous trouvions ailleurs cette odeur que nous respirions dans nos forêts…

Cette peau suave qui se frotte à l'autre tandis que nos mains moites essayaient de s'accrocher à la vie… pour survivre.

La crispation de nos corps apeurés d'un monde dur et violent et la douceur du vent qui nous enlace...

Nous caressions nos feuilles blanches de poésies…

Peut-être pas vous… mais moi je m'en souviens…

Alors maintenant comment retrouver cette sensualité de l'autre, comment se vivre du parfum de l'autre, comment ne plus être cet animal farouche lorsque l'on ne sait que sentir l'essence des forêts qui nous apaisait. Comment vous approcher sans craindre de ne pas s'apeurer.

Comment avoir 15 ans quand on naît grand ?

Et le HP devra comprendre et accepter le cheminement de sa vie à l'envers, afin d'exister et de se vivre pleinement.

Épanoui dans l'ère de sa liberté, aura-t-il aussi compris qu'il est nomade...

En constante recherche de la maison, qui reste le symbole de la famille, cette famille qu'il a tant aimée, désirée et souhaitée.

Nomade en quête de sens, nomade en quête de maison où pourtant, il ne sait pas encore, qu'il ne pourra jamais demeurer...

LE FANTÔME

Il a créé un personnage de toutes pièces dont il est le seul maître de sa création...

Son émotion est sous contrôle absolu jusqu'au moment où terrifié par le fantôme qui hante ses nuits sans sommeil, ses émotions reprennent le dessus dans une peur effrayante... qui pourtant n'est que la destruction de la création de son propre fantôme.

L'ACCOMPLISSEMENT

Le HPI est le bâtisseur, le I/E le concepteur et le HPE le créateur.

Il ne serait être de projet viable dans l'ampleur de sa réalisation sans Union Sacrée du Bâtisseur, du Concepteur et du Créateur.

SA VIEILLESSE

Nul ne peut prétendre ne jamais quitter ce monde,

Nul ne peut espérer se survivre à lui-même,

Nul ne saurait prendre ses ailes et s'éloigner de cette terre que nous aimons tant… même si…

Nul ne saurait rester ou partir pour y revenir…

Mais qui voudrait de ce bal des petits lits blancs quand ces hommes masqués vous approchent bistouri aux poings pour vous promettre quelques lendemains…

Vous fuyez, vous tremblez, face à ceux qui vous promettent l'éternel et que vous savez ne pas être des anges, échappant ainsi aux rats de laboratoire, refusant l'approche de votre enveloppe terrestre qui détient en son cœur l'âme sacrée…

Parce qu'il différencie l'être de la matière, parce qu'il ne peut se satisfaire d'un écrasement terrestre en constante recherche de la source…

Il restera debout jusqu'à la fin de sa vie, portant à bout de bras son combat comme une épée sur laquelle est empalée sa colère…

Il partira sans vieillir puisque Petit il était Grand et que les rides de son enfance s'estompent avec le temps, laissant son âme d'enfant vous faire un signe de la main pour vous dire combien auprès de vous il était bien…

À mon père,

…quand Freud parle de l'inconscient, il s'explique sur la mémoire de l'enfant qui ne peut mémoriser ses souvenirs qu'à l'âge de trois ans.

Curieusement, je me souvenais parfaitement de quelques détails bien avant mes trois ans mais j'en conclus que mes souvenirs étaient probablement le fruit de mon imagination.

Bien des années plus tard je découvrais que nombreuses étaient les personnes qui ne fonctionnaient pas comme nos grands maîtres nous l'avaient enseigné…

Le surdoué se souvient des bruits, il retient les odeurs et parfois les paroles en bruit de fond et lorsqu'il rassemble les morceaux il vous parle du jour de sa naissance et de sa vie intra-utérine.

Alors je dirais que l'enfant surdoué mémorise son environnement bien avant ses trois ans…

Bien sûr il ne va pas vous raconter…

Raymonde

Achevé d'imprimer sur les presses de
l'Imprimerie Moderne de Bayeux - 14400 Bayeux
Dépôt légal : 67875 - Janvier 2021

Imprimé en France